Dieses Buch widme ich dem wichtigsten Menschen in meinem Leben – meinem Freund Daniel Rychen, den ich aus tiefstem Herzen liebe! ♥

Sandra Melliger

Wenn fremde Anwesenheit verstummen lässt…

Leben mit selektivem Mutismus

Bibliografische Information der Deutschen Nationalbibliothek:
Die Deutsche Nationalbibliothek verzeichnet diese Publikation
in der Deutschen Nationalbibliografie; detaillierte bibliografische
Daten sind im Internet über http://dnb.dnb.de abrufbar.

© 2012 Sandra Melliger

Illustration Titelbild: Arthur Melliger

Herstellung und Verlag: BoD – Books on Demand, Norderstedt

ISBN: 9-783-8482-3210-9

Inhaltsverzeichnis

1. Kindheit und Schulzeit

Eigentlich war ich in meiner frühsten Kindheit eher alles andere als ängstlich. Laut Erzählungen meiner Mutter versetzte ich sie in Angst und Schrecken, indem ich munter im ersten Stock auf dem Fenstersims rumturnte oder mit meinem Puppenwagen mitten auf der Hauptstraße spazieren ging. Ich war also sehr lebhaft und offensichtlich auch sehr laut. Angeblich soll ich sogar damals, als ich zur Welt kam, das lauteste Baby im Krankenhaus gewesen sein.

Ich erinnere mich noch an meinen ersten Tag im Kindergarten. Als ich mit meiner Mutter dort ankam, war ich bereits sehr still, zurückhaltend und schüchtern. Alles war neu. Ich sprach nur mit einzelnen Kindern und auch nicht in der Gruppe. Wir sollten fragen, wenn wir zur Toilette mussten, wofür einzelne andere Kinder mein Sprachrohr waren. Sie gingen zu der Kindergärtnerin um sie zu fragen, ob ich zur Toilette dürfte. Doch irgendwann verlangte diese, dass ich *selbst* danach fragen müsse. Seither versuchte ich erst mal so lange wie möglich auszuhalten, ehe ich mich dann ganz still einfach aus dem Zimmer schlich um zur Toilette zu gehen, denn die Angst, selbst danach zu fragen, konnte ich einfach nicht überwinden.

Auf Fragen zu antworten, war schon eher möglich. Zwar vorwiegend nur leise mit *ja* und *nein*, doch es ging. Mein Problem bestand eher darin, selbst auf jemand zu zugehen, auf mich aufmerksam zu machen und etwas zu sagen. Ich glaube, ich hatte auch immer Angst, ich könnte dazwischen reden oder bei irgendwas stören.

Zu Hause redete ich ungehemmt und sehr viel. Oft wurde mir auch vorgeworfen, ich solle nicht immer dazwischen reden, wenn sich andere unterhielten. In der Öffentlichkeit sprach ich mit meiner Familie eigentlich normal, vielleicht manchmal eher zurückhaltend in Anwesenheit anderer Leute, und mit Fremden nur über meine Eltern. Ich hasste es, wenn ich in einem Geschäft meine Eltern was fragte und vom Verkäufer direkt eine Antwort an mich gerichtet bekam.

Glücklicherweise kam ich bei meiner Einschulung zu einer Lehrerin, zu der ich schnell Vertrauen fasste. Hier fiel es mir im Gegensatz zum Kindergarten sogar oft einfacher, auf sie als auf die anderen Kinder zu zugehen. Einmal brauchte ich einen hellblauen Filzstift und ich fragte meine Lehrerin danach, doch anstatt mir welche zu geben, meinte sie, ich solle eines der Kinder danach fragen, was ich mich aber viel weniger traute. Das wusste sie auch, doch genau das war der Sinn der Sache, dass ich mich überwinden musste. Die anderen Kinder bekamen mit, dass ich sie was fragen sollte, wurden neugierig und fragten dann mich, wonach ich fragen musste. Trotzdem fiel es mir noch schwer, obwohl sie mir das Fragen dadurch doch schon fast abgenommen hatten. Aber schließlich bekam ich einen Filzstift von einem anderen Mädchen.

Meine Lehrerin schien auch Vertrauen in meine verborgenen Fähigkeiten zu haben und zu wissen, was mir schwer fiel und förderte meine Überwindung. Ich frage mich manchmal heute noch, wie ich es schaffte, vor der ganzen Klasse ein Lied anzustimmen, doch irgendwie ging es. Es war das Lied von der Affenbande und letzten Endes war es auch ein super Gefühl, wenn dann zum Refrain die ganze Klasse in das Lied mit einstimmte.

Nach der Versetzung in die Mittelstufe vermisste ich meine vertraute Lehrerin sehr und besuchte sie daher regelmäßig nach dem Unterricht und erzählte relativ viel, ganz im Gegensatz zu früher, als ich noch bei ihr in der Klasse war und oft nach dem Unterricht noch lange bei ihr im Schulzimmer blieb, jedoch aber nicht sprach, wie sie mir später erzählte. Ich sei einfach nur da bei ihr am Pult gestanden und hätte nichts gesagt.

Die neue Lehrerin war sehr streng, aber doch auch verständnisvoll für mein Schweigen. Weil ich nur sehr wenig sprach und dadurch von meinen Mitschülern gehänselt oder geärgert wurde, erklärte meine Lehrerin diesen aber mal, dass meine Schüchternheit und das Schweigen wie eine Krankheit zu verstehen sei, woraufhin mich dann auch die eine oder andere Mitschülerin vor anderen in Schutz nahm und denen wiederholte, dass ich nichts dafür könne und es eine Krankheit sei.

Mit einigen redete ich eigentlich ganz normal, auch im Unterricht. Manchmal wurden wir sogar ermahnt, doch bei mir drückte die Lehrerin sozusagen auch mal ein Auge zu, da sie es nicht unterbrechen wollte, wenn ich schon mal von mir aus unbefangen redete.

Trotzdem kam es aber auch hin und wieder vor, dass ich am Abend, oder einmal auch während der Pause weinend nach Hause kam, weil ich in der Schule von einem Mitschüler so sehr gemobbt oder geschlagen worden war und mich allein nicht zu wehren vermochte. Das alles waren reine Provokationen, mich dazu bringen zu wollen, etwas zu sagen.

Ich musste kämpfen, um in der Oberstufe in die Realschule zu kommen. Nicht von der Intelligenz her, denn demnach hätte ich es rein theoretisch wohl sogar in die Sekundarschule schaffen können, aber von den Leistungen her, die zu bringen ich im Stande war.

Die Hänseleien gingen in der Realschule weiter, jedoch waren sie nicht mehr ganz so schlimm, da dieser Junge, der mich im vorigen Jahr geschlagen hatte, nicht mehr in meiner Klasse war. Oft wurde ich von einigen als „Stummfilm" betitelt.

So gesagte Schulfreundinnen hatte ich eigentlich keine. Manchmal kommunizierte ich schriftlich mit einigen, die ich gut leiden konnte und beim Zettelchen schreiben während dem Unterricht war ich auch mit von der Partie. Natürlich kamen auch da manchmal Fragen wie: „Warum sagst Du nie was?". Oft hatte ich das Gefühl, auch gar nicht zu wissen, *was* ich eigentlich sagen sollte.

Mit den schulischen Aufgaben kam ich gut zurecht und vom Englischlehrer wurde ich besonders gefördert. Ich hatte mich für die Anfängerklasse angemeldet, war da jedoch schon etwas zu gut, da ich mir einiges schon zu Hause schon selbst beigebracht hatte, indem ich anfing, die Songtexte meiner Lieblingssongs, mit Hilfe eines Wörterbuches, zu übersetzen. Auch im Informatikkurs wählte ich immer das Englisch-Programm auf dem Computer, wenn wir selbst bestimmen konnten, was wir machten und wenn wir dann im Englisch Unterricht mit diesem Programm arbeiteten kam ich immer kaum vorwärts, da immer alle mich fragten, wenn sie eine Aufgabe nicht verstanden. Ich hasste es, wenn wir ins Sprachlabor gingen, denn da sollten wir die Aussprache üben und die Wörter von der Kassette laut wiederholen. Ich tat es nie, saß nur still da und wiederholte sie für mich im Stillen, während alle anderen munter um mich herum laut sprachen.

2. Familiäre Auffassung

Da mein drei Jahre älterer Bruder an leichtem Autismus leidet und dadurch auch kaum bis gar nicht mit Fremden sprach, wurde es im Bezug auf mich immer wieder so angesehen, dass es die Kleine ja bloß dem Großen nachmachen würde. Ich hatte oft als Kind das Gefühl, dass meine Eltern meinen Bruder lieber hätten als mich, weil er dadurch halt des Öfteren vielleicht etwas mehr Aufmerksamkeit bekommen hatte. Wahrscheinlich wurden meine Schüchternheit und mein zunehmendes Schweigen nie richtig ernst genommen, oder eben so gesehen, als wäre es meine freie Entscheidung so zu sein und nicht mit anderen zu reden. Schließlich tat ich es ihrer Ansicht nach nur dem Bruder gleich.

Ich erinnere mich da noch genau an eine Situation – ich war vielleicht zehn Jahre alt – als unsere Familie mit meiner Oma in einem Freibad waren. Meine Oma bat mich, bei der Kasse gegen Abgabe eines Depots einen Schlüssel für die Garderobenschränke zu holen. Ich geriet fast in Panik und weigerte mich, was sie einfach nur als Trotz aufnahm. Sie schickte mich raus, wo ich dann an die Wand gelehnt stehen blieb und mich einfach nicht überwinden konnte, zu der Kasse zu gehen und nach einem Schlüssel zu fragen. Ich stand relativ lange dort, bis meine Oma kam und furchtbar wütend auf mich war, weil ich ihre Bitte nicht ausgeführt hatte, was sie mich auch Stunden später noch spüren ließ. Ihres Erachtens *wollte* ich es einfach nur nicht tun. Nie im Leben hätte sie sich vorstellen können, dass ich es einfach nicht *konnte*. Schließlich wusste ich doch genau, was ich zu tun und was ich zu sagen hatte, um das zu erreichen.

Tage später dachte ich noch über diese Situation nach und fragte mich schließlich, was denn verflixt nochmal so verdammt schwer daran war, einfach dorthin zu gehen, das Geld hinzulegen und nach einem Schlüssel zu bitten!? Und das ganze erschien mir doch eigentlich so einfach. Aber ich hätte praktisch Stunden oder gar Tage gebraucht um diesen Mut aufzubringen. Zeit und Geduld, die einem niemals jemand schenken würde, weil es niemand nachvollziehen oder verstehen konnte.

Ich sprach zwar innerhalb der Familie eigentlich ganz normal mit allen. Jedoch wagte ich es oft nicht, in Anwesenheit meiner Oma, meinen anderen Großeltern, Freunden von meiner Mutter oder sonstigen Verwandten und Bekannten, zu widersprechen oder mich zu rechtfertigen. Ich schwieg einfach und schluckte es.

Auch heute wird mir noch manchmal vorgeworfen, dass ich mit finanzieller Unterstützung der Invalidenversicherung lebe. Da die Familie meine Krankheit – ich persönlich würde es eher als eine Beeinträchtigung bezeichnen – nicht annehmen kann, (es ist ja immer noch nur eine Nachahmung des Bruders), finden sie das absolut nicht gerechtfertigt. Aus ihrer Sicht ja nur eine freie Entscheidung von mir, da ich ja schließlich sprechen *kann.*

3. Freundschaften

Ich hatte keine wirklichen Freunde. Draußen auf dem Spielplatz spielte ich vorwiegend mit jüngeren Kindern, da es hier in der Siedlung auch kaum Gleichaltrige gab. Und auch die Kinder der Freundinnen meiner Mutter waren alle jünger als ich und mein Bruder. Jedoch traute ich mich nie, wenn ich mal alleine draußen und niemand zum spielen da war, bei diesen Kindern zu klingeln, da ich dann ja meist von den Eltern angesprochen würde und ich diese hätte fragen müssen, ob ihre Tochter zum spielen rauskommen dürfe.

Als ich bereits in der Oberstufe der Schule war, also schätzungsweise 15-jährig, las ich in irgendwelchen Jugendzeitschriften solche Inserate, mit denen vor allem Mädchen nach Brieffreundschaften suchten. Kurzzeitig war sogar das für mich eine kleine, aber überwindbare Hürde, mich zu trauen, einigen davon zu schreiben und irgendwann hatte ich dann doch recht viele Brieffreundinnen.

Auf diesem Wege lernte ich auch eine ehemalige Freundin Michaela und meine beste Freundin Raphaela kennen. Wir schrieben uns, telefonierten irgendwann auch stundenlang und trafen uns schließlich auch mal. Besonders das Anrufen von mir aus, bereitete mir anfangs doch noch großes Herzklopfen, aber es war relativ leicht überwindbar. Besagte zwei Freundinnen, lernten sich auch irgendwann mal durch mich kennen und zeitweise war ich dann für Michaela immer weniger und Raphaela immer mehr gefragt. Die beiden unternahmen etwas zusammen ohne mich und von Michaela wurde ich anscheinend schon fast als aufdringlich wahrgenommen, dass ich auch dabei sein wollte, wobei es für mich von Raphaela gar nicht so rüberkam, als wenn die beiden unbedingt unter sich sein wollten. Letztendlich trafen sich die beiden dann zuerst alleine und etwas später dann noch mit mir. Michaela's Auffassung tat mir echt weh, als sie mich im Café darauf ansprach, dass ich mich aufdrängen würde, wenn sie beide etwas unternehmen wollten und was ich denn überhaupt wolle, wenn ich dann eh nichts, oder eben nur sehr wenig sagte. Der Kontakt wurde dann auch von ihrer Seite immer weniger, wobei ich ihr immer und immer wieder schrieb und geduldig auf Antwort wartete, bis ich Jahre später einmal eine klare Antwort wollte. Ich schrieb ihr dann eine SMS, worauf erst mal nur als Antwort die Frage kam, wer ich denn sei, da sie meine Nummer nicht gespeichert habe und dann, dass unsere Freundschaft doch eh nur auf der Musikgruppe basiert habe, von der wir damals beide Fan waren, und wir besser die Freundschaft im Guten beenden würden! Ich habe das nie so gesehen wie sie. Sie war für mich wie eine Schwester gewesen und dass sie dann solch einen Eindruck hatte, tat mir einmal mehr wieder sehr weh. Klar, wir hatten immer zusammen die Lieder dieser Gruppe gesungen und uns viel über diese unterhalten, doch bedeutete sie mir eigentlich auch außerhalb dieser, also auf rein menschlicher Ebene sehr viel. In den letzten Briefen hatte ich sogar kaum noch was über die Gruppe geschrieben. Ich konnte ihre Auffassung so gesehen einfach nicht nachvollziehen und war einmal mehr frustriert, da es letzten Endes doch eh nur wieder darauf zurückzuführen war, dass ich oft so schweigsam war.

Meine andere Freundin Raphaela schien mich immer so zu akzeptieren, wie ich war. Auch bei ihr sprach ich doch oft relativ wenig oder zumindest nicht so viel wie die Mehrheit der Menschheit. Auch sie war damals ein Fan dieser Musikgruppe, sagte es aber auch, wenn ihr Interesse in dieser Hinsicht zurück ging und es sie nervte, dass ich zu viel noch darüber redete und ich war dankbar dafür, dass sie es einfach freundlich sagte, wenn sie etwas nervte. Überhaupt war sie jemand, die so gut wie nie ein Blatt vor den Mund nahm und solche Dinge klar heraus sagte. Sie unternahm teilweise sogar sehr viel, manchmal fast täglich, was mit mir. Es schien sie nicht groß zu stören, dass ich oft, vor allem in Gesellschaft von noch anderen Bekannten von ihr, sehr schweigsam war.

Sie war die Freundin für mich, die immer für mich da war, wenn ich Sorgen hatte oder sonst was schief lief. Sie hatte immer ein offenes Ohr. Einmal rief ich sie aus Liebeskummer weinend an und sie sagte nur: „Steig in den Zug und komm zu mir", worauf ich mit noch tränenüberströmtem Gesicht los fuhr. Wir redeten lange und sie nahm sich einfach Zeit für mich, obwohl auch noch ihr Freund gerade bei ihr war.

Wir stehen bis heute in Kontakt, wenn auch lange nicht mehr so eng wie früher, da sie viel arbeitet und inzwischen zwei Kinder hat.

4. Ich will doch sprechen!

Als Kind hatte ich mir selbst mal ein kleines Ziel gesetzt, einfach mal nur etwas Kurzes zu anderen zu sagen. Zum Beispiel auf dem Campingplatz im Vorbeilaufen jemand zu grüßen oder so. Eine Hürde, die ich nicht beim ersten Mal überwand. Irgendwann wünschte ich dann im Vorübergehen irgendwelchen Leuten, die gerade beim Spaghetti essen waren „Guten Appetit" und war so unheimlich stolz auf mich selbst. Ärgerte mich gleichzeitig aber auch, dass diese Leute gar nichts darauf erwiderten, (was allerdings daran gelegen haben könnte, dass es Holländer waren und mich wahrscheinlich nicht verstanden.)

Ich konnte nie verstehen, warum andere manchmal nur dumme Sprüche rissen, was sie dem Lehrer oder so als Scherz sagen könnten und es doch nie durchzogen. Ich fand es witzig und dachte, wenn ich diese starke Sprechhemmung nicht hätte, würde ich diese Witzchen doch machen. Ich fand sie feige, weil sie auch nur hintenrum die große Klappe hatten und sich doch nicht trauten, es zu sagen. Liebend gerne hätte ich den Mut gehabt, etwas zu sagen.

Hinzu kommen noch die Reaktionen verständnisloser Leute. Diese denken, man sei einfach nur unhöflich, trotzig und ungezogen. Besonders erinnere ich mich hier an eine Nachbarin, die sich ärgerte, dass ich sie nicht grüßte und daraufhin zu meinem Vater meinte: „Also, wenn MEINE Tochter nicht grüßen würde, würde ich der schon mal eine rechte Ohrfeige geben, dann würde sie das schon lernen!" Ich war über diese Reaktion empört und dachte mir nur im Stillen, dass das wohl eher das Gegenteil bewirken würde. Wie konnte diese Frau nur sowas sagen?! Was hatte diese denn schon für eine Ahnung davon?! KEINE! Ich wollte doch, aber ich konnte nicht! Jedenfalls kommt diese Ansicht dem gleich, dass man einen Menschen, der schon am Boden liegt, weil er nicht aufstehen kann, noch treten würde, *weil* er nicht aufsteht. Wahrscheinlich würden sie ein solches Kind eher zu Tode geprügelt haben, als ihm auch nur ein Wort zu entreißen…

5. Berufliche Perspektiven

Mit dem nahenden Ende der Schulzeit begann natürlich auch die Berufsfindung. Ich war nun fünfzehn und es stand gerade mal noch etwas mehr als ein Jahr Schule vor mir als ich mit meiner Mutter zusammen für die erste Woche meiner Frühlingsferien einen Platz für eine Schnupperlehre in einem Blumenladen gesucht hatte und mich auch sehr darauf freute. Doch für mich endete sie in einem Desaster. Ich blieb die meiste Zeit stumm und traute mich auch nicht Fragen zu stellen, was dann natürlich als Desinteresse gewertet wurde. Wenn ich mit einer Arbeit fertig war, traute ich mich ewig lange nicht zu sagen, dass ich fertig war. Ich hätte so sehr gehofft, von den anderen gefragt zu werden, ob ich fertig sei und nur mit „ja" antworten zu müssen.

Nach drei Tagen gab es ein Gespräch, wo mir dann auch gleich gesagt wurde, dass ich die restlichen zwei Tage von ihnen aus gar nicht mehr zu kommen brauchte. Sie schienen den Eindruck zu haben, dass ich einen eventuellen beruflichen Einstieg und das ganze Drumherum überhaupt nicht ernst nahm. Dass ich keine Freude und kein Interesse zeigen würde.

Es traf mich wie ein Schlag und für mich brach eine Welt zusammen. Die beiden Lehrtöchter verstanden nicht, warum ich die letzten beiden Tage nicht mehr kommen würde und ich konnte es ihnen nicht erklären. Ich war total frustriert, wusste mit meiner restlichen freien Zeit absolut nichts anzufangen und fühlte mich arbeitslos. Indirekt hatten mir diese Leute unmissverständlich zu verstehen gegeben, dass ich so nichts im Berufsleben verloren hatte.

Da ich auch gegen Ende des letzten Schuljahres noch keine Berufsausbildung in Aussicht hatte, entschieden wir uns, dass ich noch das zehnte Schuljahr besuchen würde. Währenddessen schrieb ich dann viele Bewerbungen und erhielt ebenso viele Absagen. Zu einem Vorstellungsgespräch kam es oft gar nicht erst und wenn, dann war spätestens dort Endstation und das immer wieder mit der Begründung, dass ich einfach zu wenig reden würde.

Als ich auch auf Ende dieses Schuljahres noch keine weitere Aussicht auf einen Ausbildungsplatz hatte, kam meine Tante mit einer neuen Idee; Einem Schuljahr in England. Sicherlich eine gute Idee, um ein Stück weit auf sich allein gestellt zu sein, weg von zu Hause, doch ich geriet eher nur in Panik. Trotzdem ließ ich mich zu einem Informationstag mitschleifen, bei dem es auch ein Gespräch mit der Schulleitung gab, wonach dann über eine eventuelle Aufnahme für dieses England-Schuljahr entschieden wurde. Da in mir selbst alles nur dagegen widerstrebte und ich nur voller Angst in Aussicht dessen war, standen diese Leute sehr skeptisch einer Aufnahme gegenüber, da sie es sehr bedenklich fanden, ob ich dieses Jahr dort durchhalten würde. Auf Grund dessen kam von dieser Schule einige Tage später eine Absage und meine Tante war schrecklich wütend und machte mir Vorwürfe. Schließlich hatte sie es für so sinnvoll gehalten, dass ich mal etwas mehr auf mich allein gestellt gewesen wäre und meine Eltern nicht ständig da wären um mir alle Schwierigkeiten abzunehmen und bei allen Unsicherheiten beizustehen. Und sie wollte unbedingt, dass ich sowas noch mache, bevor ich volljährig war.

Im Angesicht ihrer Wut und Vorwürfe fühlte ich mich total hilflos und fing an mir unter dem Tisch die Haut aufzukratzen. Als sie diese aufgeschürfte Stelle an meinem Arm etwas später wahrnahm und fragte, ob ich mich verbrannt hatte, verneinte ich nur und auf die weitere Frage, woher sie denn stammen würde, antwortete ich, ich wüsste es nicht, woraufhin mein Onkel meinte, dass ich lügen würde und es natürlich wüsste.

Ich meldete mich dann relativ früh schon zum 11. Schuljahr an, da meine Mutter Angst hatte, dass ich sonst nach der Schule eventuell ohne weitere Beschäftigung dastehe. Es war ein Schuljahr, das für jene Fälle bestimmt war, die bis zum letzten Moment immer noch keine Lehrstelle gefunden hatten. Es war ein Berufs-Integrations-Programm, um die Jugendlichen auf eine berufliche Zukunft vorzubereiten. Es beinhaltete ein Berufspraktikum mit einem Schultag pro Woche. Der Berufsberater hatte einen Betrieb für mich gefunden, wo ich erst mal eine Woche schnuppern gehen konnte, wonach dann entschieden wurde, ob ich weiterhin dort bleiben und den halbjährigen Vertrag zu dem Praktikum dort bekam.

Da ich dort nur das nötigste Sprach und auf Fragen bedürftig und mit gespielt großem Interesse an der Arbeit antwortete, wurden den zuständigen Personen eine

Entscheidung für oder gegen mich nicht gerade leicht gemacht und bis zum letzten Moment dieser ersten Woche traute ich mich nicht, nachzufragen, wie es nun weitergehen würde und dachte, als ich mich schon auf den Heimweg machte und bereits auf mein Fahrrad gestiegen war, dass es nun wohl auch wieder gelaufen war. Doch da drehten die Vorgesetzte und ein Mitarbeiter am vorbeifahren noch die Scheibe runter und teilten mir mit, dass ich noch zwei weitere Woche zum schnuppern bleiben könnte und mir fiel ein Stein vom Herzen. Es war das allererste Mal, dass ich eine Chance bekam, mehr als eine Woche, um zu überzeugen, dass ich es konnte und auch mit der Zeit mehr reden würde. Ich war unheimlich froh darüber und unendlich dankbar!

Ich schaffte es auch tatsächlich. Ich sprach von Tag zu Tag und Woche zu Woche etwas mehr und bekam dann den ersehnten halbjährigen Vertrag um dort mein Praktikum zu machen. Ich hatte auch einen super tollen Kollegen namens Remo, der mit mir zusammen die Schule besuchte. Meine Chefin gab mir die Vorgabe, dass ich in der Pause wenigstens bei den Mitschülern stehen solle und nicht alleine irgendwo anders. Und Remo trug sie auf, dass er darauf achtete, dass ich es auch tat und er ihr dann ein Feedback gab, ob ich mich daran gehalten hatte. Mit einigen Mitschülern hatte ich auch etwas mehr Kontakt, niemand hänselte mich und ich mochte die Klasse sehr und fühlte mich sehr wohl in dieser Schule. Unser Lehrer verstand es sehr gut, auf die einzelnen Schüler einzugehen. Er hatte zuvor schon an allem möglichen Orten unterrichtet, wie auch im Gefängnis oder in Heimen. Nebenbei war er noch Astrologe und des großen Interesses wegen der Schüler hatte er sich einverstanden erklärt, alle zwei Wochen eine Stunde darüber einzulegen. Er erstellte für uns alle unser ganz persönliches Horoskop und unterhielt sich mit einigen auch noch nach Schulschluss ausgiebig darüber. Bei mir ging es natürlich auch um meine Sprachblockade und er erkannte, dass ich im eigentlichen doch eine sehr kommunikative Seite hatte, welche der stillen Seite sehr nahe war. So als müsste man an dieser Stelle nur einmal einen Schalter umlegen, dass es immer klappte normal offen zu sprechen. Und tatsächlich: ich war eigentlich im Inneren sehr kontaktfreudig und litt deswegen auch sehr oft unter dieser Sprachblockade, weil ich doch eigentlich einfach nur so sein wollte, wie ich wirklich war. So wie ich es auch in der engsten Familie war oder mit sehr guten Freunden. Was hinderte mich bloß daran, so offen zu sein? Wir fanden darauf keine Antwort.

Nach diesem halben Jahr aber wurde mein Vertrag vom Praktikumsort nicht auf ein Jahr verlängert. Zum einen hätte ich es mir gewünscht, doch zum anderen war ich doch auch froh, da ich mich mit meiner Chefin nicht mehr so gut verstand. Ich glaube, ich war ihr zum einen zu lebhaft und zum anderen zu ruhig. Irgendwie war da einfach kein Ausgleich zwischen den beiden Gegensätzen.

Ich besuchte dann nur noch den einen Schultag pro Woche, auf den ich mich immer sehr freute. Da ich nun nicht mehr arbeitete und kein Geld mehr bekam, wovon ja auch dieser Schultag bezahlt wurde, mussten meine Eltern ihn aus eigener Tasche bezahlen, wozu sich meine Mutter bereit erklärte, da ich es mir allein aus meinem Nebenjob (Zeitungen austragen) nicht hätte leisten können und sie es auch als wichtig sah, dass ich wenigstens noch etwas tat und einen Anschluss zu anderen in meinem Alter hatte.

Das Schuljahr neigte sich allmählich langsam dem Ende zu und der Berufsberater, welcher sich so sehr für mich und mein Praktikum eingesetzt hatte, riet nun, dass ich mich bei der IV anmeldete um mehr Unterstützung zu erhalten. Somit konnte ich dann die IV-Berufsberatung besuchen und wurde von dieser an geschützte Betriebe verwiesen um eine Ausbildung in geschütztem Rahmen machen zu können.

Ich interessierte mich für die handwerkliche Buchbinderei und konnte in einer solchen für zwei Wochen eine Schnupperlehre absolvieren, wobei es mich aber extrem nervte, dass ich diesen einen Schultag in der Woche nicht besuchen und meine Klasse nicht sehen konnte. Um einen eventuellen Kompromiss mit dem Leiter der Buchbinderei einzugehen, schrieb ich einen Zettel mit meinem Anliegen, worauf er aber nicht weiter einging, und forderte, dass ich es *sagen* und nicht *schreiben* würde.

In diesem geschützten Betrieb, dem Beruflichen Trainings Zentrum in Zürich konnte ich dann auch tatsächlich eine Lehre zur Buchbinderin beginnen. Es war ein sehr guter Betrieb mit sehr regelmäßigen Gesprächen und psychologischer Betreuung. Damals schätzte ich diese Gespräche noch nicht so. Im Gegenteil, die waren mir eher lästig. Ich wusste nie, was ich sagen sollte oder traute mich nicht. Manchmal konnte ich nicht mal mehr was denken und wenn man mich dann fragte, was ich gerade denke, weil ich so still war und nichts sagte, konnte ich nur „nichts" antworten, doch das glaubte mir niemand! Ich jedoch hatte regelrecht ein Brett vor dem Kopf, wenn ich mich irgendwie unter Druck fühlte, *jetzt* was sagen zu müssen. *Jetzt* nachzudenken und eine Antwort darauf zu geben. Mein Kopf war einfach nur leer und ich wusste wirklich nicht, was ich in solchen Momenten gedacht habe. Es war einfach alles nur leer und ich konnte gar nicht mehr nachdenken. Warum überhaupt fragen die mich, was ich denn denke, wenn sie mir meine Antwort sowieso nicht glaubten?! Sowas war frustrierend; ich konnte es doch selbst nicht steuern. Ich glaube, in solchen Situationen hätte ich einfach nur verschwinden gewollt.

6. Sprachaufenthalt im Süden von England

Da ich nach acht Monaten im BTZ aber wieder ohne Stelle da stand, schalteten sich wieder mein Patenonkel Werner und seine Frau Margrit ein. Wieder kam sie mit der Idee eines Sprachaufenthaltes in Malta oder England. Sie hatte bereits Informationen gesammelt und zeigte mir diese bei einem Treffen bei meiner Oma. Irgendwie reizte mich dieser Vorschlag jetzt schon ein wenig. Diesmal ging es auch nur um drei Monate und nicht gleich ein ganzes Jahr. Zum einen reizte es mich sehr, doch zum anderen war die Angst, da ganz alleine und auch noch mit einer fremden Sprache zu sein, doch sehr groß. Beides, der Reiz und die Angst, hatten etwa gleich viel Gewicht. Ich war wie hin und hergerissen. Doch ich entschied mich dafür. Zum einen weil ich eigentlich gar keine Wahl hatte, zum anderen, weil es ja auch eine Herausforderung für mich war. Meine Tante ärgerte es zwar, dass ich sowas nicht schon vor meinem 18. Lebensjahr gemacht hatte, doch besser noch jetzt als gar nicht.

Am 11. März 2001 flog ich dann zum ersten Mal ganz alleine weg. Das erste Problem bei der Ankunft am Flughafen von London war schon mal, den Bus zu finden, welcher mich nach Brighton fahren würde. Doch ich traute mich absolut nicht auch nur irgendwen danach zu fragen. Zusätzlich auch noch weil ich mir mit der Sprache doch noch etwas unsicher war. Schließlich müsste ich nicht nur fragen, sondern auch noch die Antwort verstehen können.

Als ich den Bus dann endlich gefunden hatte, war ich nicht sicher, ob es der Richtige war. Er war zwar mit Brighton beschriftet, doch dessen Abfahrtszeit war eine andere, als diese welche auf meinen Reiseunterlagen stand. Ich sah mich verloren um und zeigte dann dem aufmerksamen Busfahrer einfach mein Ticket, da ich nicht wusste, was ich sagen sollte, oder mich auch nicht traute. Er wies mich in den Bus, also schien ich hier richtig zu sein.

Die nächste Hürde war dann die Taxifahrt zur Gastfamilie. Ich traute mich gar nicht, einen Taxi zu rufen, oder auf einen zuzugehen. Aber da ich so verloren im leichten Regen da stand, sprach mich ein Taxifahrer an, wohin ich denn müsste. Ich zeigte ihm einfach den Zettel mit der Adresse und er wies mich einzusteigen und packte meinen Koffer in den Kofferraum. Als er dann bei der Straße ankam, fragte er mich nach der Hausnummer, doch irgendwie schaffte ich es nicht mal, ihm diese auf Englisch zu nennen und er griff gereizt nach meinem Zettel mit der Adresse.

Ich klingelte an der Haustür. Meine Gastmutter schien schon mal etwas verunsichert, ob ich sie auch verstehen würde, da ich nicht selbst angerufen hatte, um meine Ankunftszeit mitzuteilen. Die Schule in der Schweiz hatte das für mich übernommen, da auch mein Vater kein Englisch konnte. Ich denke, dass ich das rein von der Sprache her zwar schon geschafft hätte, aber die Hemmschwelle war einfach viel zu groß, für mich unüberwindbar gewesen. Selbst hier in meiner Muttersprache zu telefonieren fiel mir ja schon so unendlich schwer und dann noch auf Englisch?!?

Meine Gastmutter bot mir einen Tee an und ließ mich erst mal ankommen, eh sie mir dann ein bisschen die Gegend und die Schule zeigte.

Am ersten Abend ging ich schon sehr früh schlafen, aber ich hatte ja auch eine mehr oder minder anstrengende Reise, nach einer Nacht mit nur wenig Schlaf hinter mir. Bis um 4:00 Uhr morgens war ich mit meiner besten Freundin Raphaela in einem Club gewesen, wo ein Freund eines Kollegen von ihr live spielte.

Ich fühlte mich anfangs irgendwie verloren, so ganz alleine da, verkroch mich nach der Schule in meinem Zimmer und wusste nichts mit mir anzufangen. Daher ging ich immer ziemlich früh schon schlafen und war so auch ohne Wecker jeden Morgen frühzeitig wach und fühlte mich fit. Erst um 9:00 Uhr in der Schule sein zu müssen, war sehr angenehm.

Das Interessanteste am ganzen Aufenthalt war wohl, dass ich zwar Anfangs schon ziemlich ruhig, zurückhaltend war, wie immer eben, wenn ich neu wohin kam, mich dann aber doch relativ schnell viel offener verhielt als hier in der Schweiz. Ich fing an mit Schülern und Lehrern zu schwatzen, vor allem wenn neue kamen, und machte auch ab und an irgendwelche Scherze, so dass mir schon bald niemand mehr abkaufte, dass ich schüchtern sein sollte. Doch teilweise überforderte mich diese schnelle Wandlung doch sehr.

Bereits in meiner zweiten Woche in dieser Schule, setzte ich mich zum Schulbeginn an den Lehrerpult und imitierte unseren Lehrer, der noch nicht da war. Als er dann kam, sagte ich: „Jon, you're too late! Did you do your homework?" und beschwerte mich noch, dass die Jungs immer zu spät seien. Besonders die anderen Mädchen amüsierten sich und Jon wusste nicht, was er tun sollte und setzte sich erst mal einfach an einen freien Platz. Noch nie zuvor hatte ich mich selbst in den Mittelpunkt einer Klasse gestellt. Niemals hätte ich mich sowas getraut. Waren die Menschen, die mich ja nicht so still kannten, oder die fremde Sprache? Oder vielleicht was ganz anderes. Ich wusste es nicht. Ich wusste nur, dass es sich gerade gut anfühlte, auch mal den Spaßvogel zu sein und mit den anderen zu lachen, ohne das Gefühl zu haben, bloß für irgendwas ausgelacht zu werden oder so.

Da ich mich aber noch nicht den anderen anschloss oder mit ihnen was unternahm, empfand ich besonders die Wochenenden als öde und langweilig. Ich saß eigentlich nur in meinem Zimmer rum, machte Hausaufgaben, lernte ein bisschen und fühlte mich einsam, da ich auch kaum Anrufe bekam. Mein Vater rief öfter mal an, eigentlich immer, wenn ich es wollte. Ich musste ihn nur kurz aus der nahegelegenen Telefonzelle aus anrufen und Bescheid sagen, dass er mich anrufen soll und er tat es. Meine Mutter hingegen beschränkte den Kontakt auf ein Telefonat jedes zweite Wochenende. Schließlich wollte man ja, dass ich dort drüben nun mal auf eigenen Beinen stehe und etwas mehr Selbständigkeit gewann.

Da in Brighton während Tagen und Wochen in kürzester Zeit so viel mehr geschah, als sonst in Monaten, fing ich an, seitenlange Briefe an meine Verwandten und Freunde zu schicken. Meinen beiden besten Freundinnen schrieb ich gleich auf Englisch, da es mir gerade leichter fiel, als abends erst noch die Sprache umstellen zu müssen. Michaela schrieb mir ohnehin auch auf Englisch, damit ich es gebrauchte, durch praktizieren übte. Meiner Familie, also meiner Oma und der Frau meines Patenonkels musste ich aber gezwungenermaßen auf Deutsch schreiben und hatte ihnen immer so viel zu erzählen. Anfangs wollte ich eigentlich niemandem schreiben, da ich nicht wusste, wie ich zu Briefmarken kommen würde, ohne mich zum reden - dazu auch noch in einer fremden Sprache – überwinden zu müssen. Doch so schwer war es dann gar nicht.

Eine Zeit lang, noch ziemlich zu Anfang, hatte ich aber doch eine ziemliche Krise. Ich war in einen jungen Mann verknallt mit dem ich auch aus England einmal telefoniert hatte. Ich kannte ihn aus der Reality-TV-Show „Big Brother". Er hatte in einer E-Mail gemeint: „und ruf mal wieder an, würde mich also freuen!!" und so hatte ich die Gelegenheit gepackt nach einem Telefongespräch mit meinem Vater, noch seine Nummer zu wählen. Am Telefon hatten wir ein sehr gutes Gespräch. Von meiner Schüchternheit hätte man da gar nichts gemerkt. Später, als wir uns nach weiteren langen 12 Wochen in England dann trafen, war das alles ganz anders. Ich redete kaum ein Wort, war total gehemmt, vor allem, weil wir dann zu ihm heim fuhren, wo noch ein Nachbar von ihm war, den ich ja nicht kannte. Ich traute mich nicht mal, irgendwas zu kommentieren oder dazu zu sagen, als im Fernsehen gerade etwas über Brighton gezeigt wurde. Somit endete diese Geschichte mit diesem jungen Mann für mich in einem Riesendesaster. Ich kam dann als unselbständig und interesselos rüber. „Als Du hier warst, hast Du kein Wort gesagt" meinte er noch, als ich ihn später nochmals von einer Freundin aus anrief. Ich war wie am Boden zerstört.

Nun aber nochmal zurück nach England und meiner Krise. Ich wollte am liebsten schnellstmöglich wieder nach Hause und diesen jungen Mann treffen. Da er nicht mal ab und an eine E-Mail schrieb, bis auf Nachfrage: „Hey, ich vergesse Dich schon nicht!", wurde mein Kummer noch grösser und ich spürte unaufhaltsam, dass ich kurz davor stand, mich wieder selbst zu verletzen. Und es dauerte nicht lange, bis ich einmal auf dem Heimweg eine Glasscherbe einer zerbrochenen Flasche aufhob und mit der scharfen Kante über meinen Arm strich. Ich fühlte mich einsam und von der Außenwelt abgeschottet. Mit der Gastfamilie hatte ich kaum mehr Kontakt als es unbedingt notwendig war. Von den anderen Schülern hatte ich keine Handynummern und zudem hatte ich zu der Zeit auch selbst noch gar kein Handy. Doch nun musste ich mir eines zulegen, denn so konnte es doch nicht weitergehen. Ich müsste mich bei jemandem melden können, wenn's mir schlecht ging, anstatt mich zu verletzen. Das war so weit gegangen, dass ich schon von einigen darauf angesprochen wurde. Jon und einige koreanische Schüler hatten mich in einem Restaurant, wo wir was trinken waren, auf die Verletzungen angesprochen und gesagt, dass ich immer mit ihnen reden könnte. Es tat zumindest gut, dies zu hören und zu wissen, dass ich doch nicht so ganz alleine war und es doch noch wen kümmerte, wenn es mir nicht gut ging. Nur ein Schüler, ich schätze er war zwischen 30 und 40 Jahre alt, Yashar aus der Türkei, machte sich immer wieder darüber lustig und meinte: „Sandy cut herself with a razor.", was ich aber abwehrte. Schließlich war es auch keine Rasierklinge, sondern eine Glasscherbe oder die Schere, mit der ich mir die Haut ziemlich großflächig aufgekratzt hatte.

Ab Mai wurde es erst mal, von einem Tag auf den anderen, richtig warm und alle liefen mit T-Shirts rum, außer mir. Zum ersten Mal war es mir richtig unangenehm mit diesen selbst zugefügten Verletzungen und ich zog nur langärmlig an- Auch als es dann so heiß wurde, dass andere schon im Meer baden gingen. Da schon so viele Reaktionen darauf gekommen waren und es mir richtig unangenehm war, verletzte ich mich nun eher am Ober- als am Unterarm, dass es auch ja niemand sehen würde. Aufhören konnte ich damit nicht so einfach. Erst als ich darüber nachdachte, wie sehr diese Narben dann jemand verletzen, der mich lieb haben würde. Wenn dieser junge Mann wissen würde, dass er mir solch

Kummer bereitet hatte, dass ich das tat. Es hätte ihm doch weh getan, dachte ich.

Trotz all dieser schlechten Dinge, gab es immer mehr Positives. Anfangs hatte ich mir einen Plan mit den Tagen gemacht, die ich in England verbringen musste. Jeden Tag strich ich am Ende mit Freude durch, dass wieder ein Tag mehr um war. Ich schrieb Tagebuch, da ja immer so viel geschah und ich wechselte mit den Farben je nach Stimmung. Wenn ich mich schlecht fühlte, schrieb ich schwarz. Wenn es mir gut ging, schrieb ich grün. Und je mehr Zeit verging, umso mehr überwog dann das Grüngeschriebene. Es gab nur noch wenige dunkle Tage, ich ging nun so gut wie jeden Abend in das Pub in meiner Nähe, wo sich die meisten Schüler immer zum Billard spielen trafen, und war voll integriert. Ich sprach recht viel mit den anderen. Nicht nur mit den Schweizern, genau so auch mit den anderen Nationen. Immer wieder ermahnte ich die Koreanerinnen, bei denen ich oft saß, dass sie Englisch sprechen sollten, weil ich sonst gar nichts verstand, wenn sie unter sich Koreanisch sprachen. Sonntags war ich nun oft draußen, spazierte 45 Minuten am Strand entlang von meinem Wohnort Hove nach Brighton, genoss die Sonne, die Wärme, die Natur... einfach das draußen sein. Ab und zu traf ich auch wen von der Schule an und am Freitagabend ging ich sogar auch manchmal in die Disco, in der fast immer welche aus meiner Schule waren. Manchmal spielte dort eine Live-Band und die Leadsängerin war einfach voller Power. Ich genoss nun meine

Zeit in Brighton, strich die vergangenen Tage nicht mehr ab, da ich mich nun nicht mehr freute, dass sie vorüber gingen, und verlängerte schließlich meinen Aufenthalt noch um eine weitere Woche. Ich fühlte mich total frei, unabhängig, konnte mit den meisten Leuten ohne Hemmungen reden, auch manchmal ausgelassen und scherzend. Manchmal dachte ich mir, jetzt erlebe ich mal, wie das Leben ohne Mutismus wäre. Alles war so leicht, so unbeschwert! Doch teilweise war ich so ganz anders, als ich mich kannte, dass es mir auch zu schaffen machte. Ich kannte mich selbst nicht mehr! Ich war verwirrt und ich ging mir oft selbst total auf die Nerven. Ich mochte ja anderen auch auf die Nerven gehen, doch diese mussten mich ja nur während der Schulzeit ertragen, ich hingegen mich selbst die ganzen 24 Stunden am Tag, also rund um die Uhr. Es stresste mich, und ich hatte teilweise keine Ahnung, wer ich selbst eigentlich war. Meinen Vater interessierte das wenig, als ich ihn mal anrief. „Hauptsache du kommst in der Schule voran." hatte er nur gesagt. Mich machte das alles total fertig und Lehrerin Shoshanah nahm mich aus der Klasse um mit mir zu sprechen, weil ich halb weinend im Schulzimmer saß. Ich meinte dann, dass sich niemand kümmerte, wie es mir eigentlich ginge und dass sie nur meine Leistungen in der Schule interessierten. Sie aber sagte, dass es sie kümmerte, wie es mir ging und tröstete mich. Sie war selbst noch fast so jung wie ich. Ich stand kurz vor meinem 20. Geburtstag, sie war 22 und ich mochte ihre junge, einfühlende und natürliche Art sehr. Während sie mit mir sprach weinte ich auch mal. Zum ersten Mal verbarg ich meine Tränen nicht, zeigte meine Gefühle! Nach diesem Gespräch mit Shoshanah fühlte ich mich jedenfalls wesentlich besser.

Nachdem ich nun etwa die Hälfte meiner Zeit dort todgeschlagen hatte, übernahm langsam aber sicher die Freude darüber, hier zu sein, wo ich doch eigentlich so frei war, überhand. Ich hatte bisher jeden Tag freudig durchgestrichen, welcher vorübergegangen war, doch darauf hatte ich jetzt überhaupt keine Lust mehr. Ich wünschte mir nun viel mehr, dass die Zeit stehen bliebe, dass es nicht vorbei sein würde, dass ich da bleiben konnte. Ich fühlte mich frei, unabhängig, erwachsen, selbstständig und selbstverantwortlich. Und so fing an, dies zu genießen und auszukosten. Ich war frei! Ja, ich konnte sogar mit eigentlich allen Leuten reden, als hätte ich damit kaum jemals Probleme gehabt. Ja, ich wollte viel lieber noch bleiben und wurde nun eher traurig über jeden Tag, der verging.

7. Wendepunkt

Schon vor meinem Auslandaufenthalt hatte ich ihn kennengelernt, Herni. Bzw. so wirklich kannte ich ihn noch nicht; gerade mal übers Telefon und aus dem Fernsehen, da er mal in einer Reality-Soap dabei war. Er gefiel mir da von Anfang an. Ich hatte ihn dann mal im Internet angeschrieben, weil ich mich bezüglich meines Auslandaufenthaltes über etwas informieren sollte, mit dem er beruflich zu tun hatte. Daraufhin hatte ich seine Handynummer bekommen und ihn mal schüchtern angerufen. Als ich ihn aus England zum zweiten Mal anrief, hatte ich da schon mehr Mut, nahm es total locker und hatte eine gute Konversation mit ihm. Wir vereinbarten dann, dass wir uns mal treffen, wenn ich aus England zurück war.

Wie gesagt getan, nur wenige Tage nach meiner Rückkehr trafen wir uns. Er holte mich mit dem Auto am Bahnhof ab und ich sagte nur wenig. Das Autofahrgeräusch war mir zu laut für meine leise, zurückhaltende Stimme. Ich traute mich irgendwie nicht, lauter zu sprechen und so blieb ich schließlich still. Doch auch wenn er fragte, wo wir hingehen sollten, wusste ich nicht, was ich sagen sollte, zuckte nur die Schultern und schwieg. Was dazu führte, dass es einfach zu sich nach Hause fuhr und in seiner Wohnung war auch noch sein befreundeter Nachbar, was mich nun fast ganz zum Verstummen brachte.

Im TV lief ein Beitrag über Brighton, wo ich ja nun gerade hergekommen war. Wie gerne hätte ich darüber kommentiert, doch kaum ein einzelnes Wort zu den beiden verließ überhaupt meinen Mund. Die Hemmung, die ich noch nie verstehen konnte, hatte mal wieder die Überhand. Was mochten sie wohl über meine kargen Worte denken? Es wurde immer später und ich so gut wie kein Wort kam über meine Lippen. Bis Henri gegen 1:00 Uhr schließlich mehr feststellend als fraglich meinte: „Du schläfst dann wohl hier?".

Ich weiß nicht mehr, ob ich überhaupt noch mit ihm gesprochen hatte, als sein Nachbar schließlich endlich ging. Er bot mir ein T-Shirt zum schlafen an und wir krochen unter die Decke.

„Küsst Du mich?" fragte er plötzlich.

Ich habe doch noch niemals jemanden geküsst, schoss es mir durch den Kopf, doch ich traute mich nicht, es zu sagen. Schließlich war ich nun ja schon 20!

„Warum nicht?" hörte ich ihn noch fragen, doch meine Antwort war mir einfach zu peinlich, um sie auszusprechen und so schwieg ich einfach und sagte gar nichts.

Ich hatte gerade überhaupt zum ersten Mal neben einem Mann im selben Bett geschlafen. Unwohl war mir dabei keines Wegs und ich bildete mir auch nicht gleich irgendwelche Gefühle seinerseits ein. Schließlich kannte er mich ja noch gar nicht wirklich und es wäre bestimmt keine ernste Sache gewesen. Nur „Spaß" war es ja oft, was die Männer wollten. Er fragte dann noch, ob er näher kommen dürfe und ich willigte ein. Es gefiel mir ja auch, dass er mir nahe war und mich berührte, aber das war auch schon alles. Ich würde nicht sagen, dass ich zu diesem Zeitpunkt schon in ihn verliebt gewesen wäre, doch ich mochte ihn und fing so später an, Sehnsucht nach ihm zu haben. Ja, es war bestimmt schon immer nur eine Sehnsucht nach Zuneigung und keine wirkliche Verliebtheit gewesen.

Noch ein paar Mal hatte ich Henri angerufen, doch eigentlich wimmelte er mich nur mehr oder weniger ab, meinte, wenn ich frage, ob nicht auch mal er anrufen würde, dass ich ihm ja immer zuvor kommen würde. Später ging er nicht mal mehr selbst an sein Handy, ließ sein Nachbar für sich ausgeben, doch ich erkannte ihn an der Stimme.

Schließlich erhielt ich dann eine E-Mail von ihm, in der er mir schrieb, ich solle nicht mehr anrufen, e-mailen, nix mehr. Er wolle nichts mehr von mir wissen. Ich war verzweifelt und wollte nur eine Antwort auf die Frage *warum?*. So fuhr ich dann mit dem Fahrrad (da mir der Zug zu teuer war) rund 50 km in seine Stadt. Doch auch dort fand ich mich letzten Endes nur im falschen Film wieder. Als ich ihn schließlich im Auto sitzen sah und endlich den Mut zusammengerafft hatte, auf ihn zuzugehen, brauste er sofort davon, als er mich erblickte.

Wenigstens hatte ich eine *Freundin* in jener Stadt, vielleicht 500 Meter von ihm entfernt, und lief dann ziemlich verstört zum Spital hoch, indem sie arbeitete, und suchte sie dort. Ich wartete auf ihren Feierabend, dass sie Zeit für mich hatte und mich erst mal auf ihr Zimmer im Personalhochhaus mitnahm. Dort sprach ich mich bei ihr aus, erzählte alles, und sie meinte, dass ich das recht hätte zu erfahren *warum* er so einfach den Kontakt abbrechen und nichts mehr von mir wissen wollte. Und so bat sie mich, ihn jetzt anzurufen um eine Antwort zu erhalten. Die Überwindung war schwer. Schließlich hatte er mich gebeten, nie wieder anzurufen! Doch schließlich rückte er damit raus: „Als Du hier warst, hast Du *kein* Wort gesagt!". Bahm! Das war wie ein Schlag für mich. Wie ein Schlag ins Gesicht. Ich litt doch selbst schon genug darunter, dass ich nicht einfach ohne *Angst* sprechen konnte und obwohl ich es am Telefon damals in England doch auch total locker konnte und nun war dies auch noch der Grund für all das. Und Henri wollte mir absolut keine Chance geben, ihm zu zeigen, dass ich auch völlig anders sein konnte. Ich merke gerade, ich schreibe hier so viele *und*, was wohl zeigt, wie viel da alles für mich zusammen kam. Eine Tragödie verfolgte die Nächste! Aus dem einen Problem, nicht zu sprechen, ergab sich das nächste und daraus wieder ein weiteres und noch eines…

Da, erst da, stand ich nun an einem Punkt, wo ich mir sagte: Ich will nicht, dass mir das jemals wieder geschieht, wenn ich jemanden kennenlerne! Ich wollte nicht, dass ich jemals wieder etwas verlor, bloß weil ich manchmal einfach nicht sprechen konnte! Schließlich konnte ich es doch! Warum?? Warum nur konnte Ich mich so oft einfach nicht dazu überwinden? Warum verstummte ich so oft bloß einfach, obwohl ich mit diesem Menschen sonst doch auch reden konnte? Nur weil noch jemand hinzukam, den ich nicht kannte? – Ich wollte das alles nicht mehr! Nie wieder! Nicht noch einmal!

Von da an bekam ich wohl die innere Einstellung, wirklich was verändern zu *wollen*. Darüber zu *sprechen*, dass es oft so unendlich schwer, geradezu unmöglich war. Ich wollte einfach nicht jemals wieder in einer solchen verzwickt aussichtslosen Lage sein, wie mit Henri. – *Nie wieder!!!*

8. Klinikaufenthalt

Nachdem hier zurück in der Schweiz wieder alles beim alten war, was das reden anging, und auch dieses unglückliche Verliebtsein, welches ja ebenfalls irgendwie damit zusammen hing, dass ich nicht sprach, schottete ich mich immer mehr von dem realen Leben da draußen ab, wurde schwer depressiv, hatte ehrlich gesagt auch oft Suizidgedanken und verkroch mich in einem Internet-Chat. Alles schien mir nur noch unendlich dunkel und alles was ich noch hatte, waren diese Chat-Freunde, die ich noch nie im Leben gesehen hatte und noch nicht mal wusste, ob sie auch waren, als was sie sich ausgaben. Ich war wohl sozusagen am Tiefpunkt meines Lebens. Darum sollte ich zu einem Informationsgespräch in einer psychiatrischen Klinik in Meilen, wo ich darauf hin angemeldet wurde und Ende Juli 2002 eintreten konnte.

Ich war auf einer Station mit 10 Leuten, die alle im Alter zwischen 18 und 25 Jahre alt waren. Ich war froh, dass ich wegen dem anstehenden Chattertreffen eine Sonderregelung bekommen hatte, nicht das erste, sondern erst das zweite Wochenende dort bleiben zu müssen und somit zu Anfang erst mal nur vier Tage. Ich war sehr nett empfangen worden, aber ich vermisste meine „Chat-Freunde" sehr, da ich in den letzten Tagen, Wochen und Monaten kaum etwas anderes getan hatte als mit ihnen zu schreiben.

In der Gruppengesprächstherapie erfuhr ich, wie verschieden hier die Probleme der Jugendlichen waren. Es gab einige mit Essstörungen, Suchtproblemen oder Depressionen. Wenn man nun meine Depression außer Acht ließ, hatte hier niemand dasselbe Problem wie ich, aber das war ja schon immer so.

Erst nachdem ich einige Zeit schon dort war, gab es noch jemanden, der wegen Sozialphobie da war und als er erzählte, was das war, fragte ich mich, ob es vielleicht das wäre, was ich auch habe, vielleicht gab es ja noch eine andere Bezeichnung dafür. Allerdings war er dafür dann doch viel zu gesprächig.

Wie ich erst sehr viel später erfuhr, hatten sie mir damals in dieser Klinik klammheimlich genau dieselbe Diagnose – Sozialphobie – gestellt.

Nach ca. einem Monat hatte ich nach der Gesprächsgruppe doch so langsam das Gefühl, dass es hier nicht stimmte für mich. Obwohl ich die erste Woche eigentlich recht gut gefunden hatte mit den Gesprächen, jedoch vorzugsweise die mit meiner Bezugsperson. Doch schon nach kurzem kam hier das Thema Suizid und damit konnte ich momentan gar nicht umgehen. Seit Tagen wurde in der Gesprächsgruppe kaum noch über etwas anderes gesprochen als über einen möglichen Suizidversuch der ein Patient unserer Gruppe unternommen haben sollte. Zum einen hatte ich mich selbst lange genug Tag und Nacht mit solchen Gedanken abgegeben und nun hatte ich ernsthaft genug davon. Mit solchen

Themen wie diesem konnte ich momentan einfach absolut nicht umgehen oder mich auseinandersetzen, es belastete mich nur noch. Ich wollte an meiner eigenen Lebenssituation etwas ändern und nicht ständig über ein und dasselbe Thema reden, oder besser gesagt zuhören, denn ich selbst sagte ja eh nie etwas. Immer wenn es mal längere Zeit still war und man sich allmählich doch mal langsam zu Wort gemeldet hätte, fing doch wieder jemand anderes zu sprechen an.

Zu diesem Zeitpunkt wollte ich einfach nur endlich wieder eine Arbeit haben, eine Lehrstelle am besten, und arbeiten *wie jeder andere auch*. Und ich wollte so sein, wie ich mich wohl fühlte: nicht sonderlich laut, aber auch nicht auffällig still. Am liebsten wollte ich wieder so sein wie in England.

Ich mochte mich momentan mit nichts anderem als meinen Freunden und mir selbst befassen. Dafür reichte meine Kraft nicht mehr aus. Auf andere musste diese Haltung wohl eiskalt wirken. Ich ließ mich von Problemen und Sorgen der anderen nicht mehr wirklich berühren, denn auf noch mehr konnte ich mich nicht konzentrieren. Ich wollte jetzt endlich selbst wieder leben.

Da mich das Telefonieren auch nicht mehr kostete als das Internet zu benutzen, wofür ich aber noch hätte hunderte Meter zum Haupthaus laufen müssen, fing ich an meinen damaligen Freund Abend für Abend anzurufen. Ich brauchte nur immer die Sicherheit, dass er selbst rangehen würde, dann klappte es schon. Mittlerweile schaffte ich es sogar Dinge zu sagen, wie ich sie bisher nur schrieb. Zumindest zu diesem einen Menschen. Ich sagte etwas, was ich eigentlich in einem Gedicht schreiben wollte, was ich später auch noch tat. Aber zuvor hatte ich es nicht geschrieben, sondern *gesagt*.

Als wir in der Therapie mal ein Bild mit Stationen aus unserem Leben vorstellen sollte, fiel mir auf, dass ich wohl niemals einfach nur so von mir aus so viel von mir erzählen würde. Warum? Weil ich manchmal schnell das Gefühl bekam, dass ich die anderen damit langweile und es sie nicht wirklich interessieren würde. Doch wenn ich schrieb, konnte es lesen, wer es lesen wollte, wen es interessierte, und wann immer diese Person es lesen wollte, oder eben auch nicht.

Nachdem ich nach drei Monaten aus der psychiatrischen Klinik ausgetreten war, weil mein Freund mich für zwei Wochen besuchte, packten mich die Depressionen wieder und es war zu Hause die Hölle für alle. Wenn ich zurück in die Klinik ginge, käme ich diesmal auf eine andere Station und müsste ein Zimmer teilen, was mir Albträume bereitete. Angeblich gab es dort keine Einzelzimmer.

Da es zu Hause genau so wenig auszuhalten war wie sonst wo, und ich eben starke Depressionen hatte, besprach ich auch mit meinem Freund, dass ich wieder zurück gehen würde und rief selbst dort an. Schließlich wieder zurück, war die ganze Zeit über nur zum Weinen zu Mute und ich mochte am liebsten überhaupt gar nicht reden, weil ich dann andauernd nur noch mehr gegen meine Tränen anzukämpfen hatte, was ich als anstrengend empfand. Am allerersten Abend an dem ich wieder dort war, telefonierte ich wie immer mit meinem Freund und versuchte, mir das nicht anmerken zu lassen, doch es gelang mir wohl nicht, denn er fragte: „Was ist los? Warum laufen Dir Tränen über die Wangen?"

In den ersten Wochen hatte ich keine Lust, abends auf der neuen Station zu bleiben, denn alle Patienten dort waren älter als ich und auch sonst fühlte ich mich einfach nur unwohl dort. So besuchte jeden Abend meine vorherige Station in der Klinik und sprach dort mit meiner bisherigen Bezugsperson und ließ Dampf ab über Dinge, die mich aufregten.

Andererseits gab es aber auch auf dieser Station Positives. Ich fing zum Beispiel auch mal Gespräche mit den anderen an oder brachte mich mit ein. Ich weiß nicht genau, woran es lag, dass es mir dort irgendwie weniger schwer fiel, doch möglicherweise gerade daran, dass die anderen eben älter als ich waren. Teenager verunsichern mich irgendwie – auch noch heute. Sie vermitteln mir zum Teil irgendwie das Gefühl, dass sie grundsätzlich alles und jeden doof oder lächerlich finden.

9. Beziehungen

Nachdem ich mich via Internet in ein Chat-Phantom verliebt und dadurch etwa ein halbes Jahr lang sehr gelitten hatte, lernte ich im selben Chat jemand kennen, in den ich mich dann ziemlich schnell verliebte. Nachdem ich durch sein Chatprofil auf seiner Homepage gelandet war, bei dessen Gedichten, die er selbst geschrieben hatte, ich dachte: „So einen Freund hätte ich gerne." weil sie auch so sehr widerspiegelten, was ich selbst oft fühlte, versuchte ich immer wieder mehr mit ihm ins Gespräch zu kommen. Jedoch war er erst 17 Jahre alt und ich dachte, das kann ja nichts werden, er würde sich sicher nicht für eine Frau interessieren, die ganze 4 Jahre älter war als er. Zumindest in unserem, doch noch jungen Alter, machte das eigentlich noch einen relativ großen Unterschied. Doch er verliebte sich dann auch in mich, äußerte das im Chat aber nur mal als Drittperson, jedoch wusste ich, dass er selbst es war. Der nächste Schritt kam dann von mir, als ich eines Morgens nicht mehr schlafen konnte, mit den Gedanken nur bei ihm war und es einfach loswerden musste. Ich wusste, dass er zu dieser Zeit im Chat sein würde und ging online. Erst meinte ich, dass ich ihm was sagen müsse, druckste rum und schrieb dann: „Ich glaube, ich hab mich in Dich verliebt..." Wenngleich ich ihn auch noch nie getroffen, sondern nur übers schreiben und einmal telefonieren kannte. Ich traute mich erst gar nicht, mit ihm zu telefonieren. Doch als er meinte, dass es auch von mit einer anderen Kollegin aus dem Chat telefoniert habe, wollte ich auch und so rief er mich dann an. Wir redeten bestimmt 45 Minuten lang. Oder besser gesagt, vor allem er erzählte viel.

Als er dann fragte, ob ich auch zum anstehenden Chattreffen nach Münster (NRW in Deutschland) kommen würde, entschied ich mich sozusagen seinetwegen, doch hinzugehen. Ich hatte es mir auch zuvor schon überlegt, ob ich dahin fahren sollte, doch ich wusste nicht so recht, ob ich diese Leute, mit denen ich da chattete, auch real sehen wollte. Vielleicht war dann ja alles ganz anders?! Vor allem ich. Würde ich mich denn dann trauen, mit denen ganz normal zu reden, wie ich auch schrieb?

Christian, so hieß mein „Auserwählter", wohnte in der Nähe von Darmstadt, und als ich unsere Route nach Münster anschaute, stellte ich fest, dass Darmstadt direkt auf unserer kürzesten Route lag, schlug meinem Vater, der mich mit dem Auto fahren würde vor, dass wir Christian doch von dort aus mitnehmen könnten und unterbreitete dann auch diesem den Vorschlag, welchen er dankend annahm.

Ich erinnere mich noch gut an den Augenblick, als wir uns trafen. Wie er seine Tasche fallen lief und mit offenen Armen auf mich zu kam und mich umarmte. Wir gingen dann zusammen zum Auto und ich dachte mir so: „Das ist jetzt also derjenige, den ich liebe." Ein komisches Gefühl irgendwie. Genauer gesagt, wir waren beide total verliebt, doch sagen konnte ich es ihm noch nicht. Denn er hatte gemeint, dass sich trotz allem keine Beziehung entwickeln würde, wegen der Entfernung

(390 km) und weil er bereits zwei Fernbeziehungen hinter sich hatte. Das machte alles nicht gerade leichter, dies zu wissen. Wir saßen Arm in Arm im Auto und irgendwann schalte er mich einfach nur an und küsste mich sanft auf die Lippen. So ging es dann das ganze Wochenende, wonach es dann etliche Knutschbilder von uns gab. Der Abschied am Sonntagabend war sehr Tränenreich von beiden Seiten gewesen. Nochmal hatte er betont, dass er keine Fernbeziehung mehr haben könnte, aber er mich liebte. Gleichzeitig wusste er aber schon, dass er mir dann eine E-Mail schreiben würde, in der er dann mitteilte, dass er doch mit mir zusammen sein wollte und er solange mir gehören würde, wie ich ihn haben wollte. Unser Lied *without you* von Harry Nilsson passt da grandios gut zu diesem Anfang unserer Beziehung dazu: *Nein, ich kann diesen Abend nicht vergessen, oder Dein Gesicht als Du fortgingst. Aber ich schätze das ist einfach, wie es läuft. Aber jetzt ist es nur fair, dass ich Dich wissen lasse, was Du wissen solltest...*

Da er eine schulische Ausbildung machte, hatte er noch regelmäßige Schulferien, in denen er mich immer besuchte. Und da ich ja keine Arbeit hatte, konnte ich auch ab und an mal ein paar Wochen bei ihm verbringen, wo ich dann einfach bei ihm zu Hause saß, während er zur Schule ging. Ich tat nicht viel, half nicht viel mit, teilte mich auch nicht viel mit. Seine Mutter war zwar recht freundlich, jedoch war da einfach noch immer dieser Mutismus. Mit Christian konnte ich zwar ganz normal kommunizieren, mit ihr jedoch nicht. So blöde es sich auch anhört; es war nicht, dass ich nicht auch hätte was tun wollen, ich traute mich nicht, einfach so abzuwaschen oder sowas, während sie auch zu Hause war. Ich traute mich nicht, zu fragen, ob ich ihr was helfen konnte. Nur wenn sie mal nicht zu Hause war, hatte ich einmal das Geschirr in der Küche abgewaschen, worüber sie sich freute und sich dafür bedankte. Eigentlich sah ich es irgendwie als selbstverständlich, aber ich tat es ja sonst nie. Doch ich freute mich sehr, über ihr „Danke".

Wir hatten eine sehr schöne und eigentlich auch unbeschwerte Beziehung, wenn ich so zurück blicke. Trotzdem ging diese nach knappen zwei Jahren zu Ende. Und zwar von seiner Seite aus. – Von wegen, „solange *Du mich* haben willst". – Und dass er auch sofort eine neue Freundin hatte, um die sich bereits die ganze Freizeit drehte, als ich zum letzten Mal bei ihm war, machte mich nur noch mehr fertig. Als ich ihn fragte: „Bist du jetzt mit Alex zusammen?" und er mit „ja" antwortete, beschimpfte ich ihn erst wüst, eh ich dann aus meinem Zimmer ging und einen Nervenzusammenbruch erlitt. Eine halbe Stunde lang etwa, fragte meine Mutter was denn los sei, doch ich brachte kaum ein Wort raus und versuchte ständig, mich in den Boden hinein zu drücken.

Meine Mutter war in dieser Zeit nach der Trennung ständig bei mir, wen sie nicht gerade arbeiten war. Zum einen war ich sicherlich froh, dass sie so für mich da war, mich nicht einfach alleine ließ und mit mir mit litt, da sie Christian auch sehr gemocht hatte. Doch zum anderen nervte es mich auch, da ich am PC kaum noch mit jemandem privat was im Chat oder Messenger schreiben konnte, ohne dass sie alles mitlas.

Mich störte dieses Mitlesen vor allem auch, weil ich im Chat wieder jemand kennengelernt hatte, für den ich ganz schön zu schwärmen begann. Als ich es einmal auch wieder nicht ausgehalten hatte, mit diesem Schmerz der zu Ende gegangenen Beziehung klarzukommen, war ich in den Chat gegangen und hatte nur geschrieben: „Das Leben ist so schieße..... ich kann nicht mehr!!!" Doch anstatt meine Admin-Kollegen, die mich auch schon auf einem Chattertreffen real gesehen hatten, klickte mich ein anderer Kollege privat an, der mich eigentlich so gut wie noch gar nicht kannte, und fragte nach, was los sei. Es tat einfach gut, mit ihm zu schreiben und ich fühlte mich nicht mehr ganz so schlimm und verlassen. Nur leider wohnte er gleich über 600 km weg. Wir hatten auch mal telefoniert, anderthalb Stunde, glaub ich, und es war öfter auch mal still gewesen, doch keine drückende Stille. Ich traf ihn dann Ende 2004 bei einem kleineren Chattertreffen auf einem Weihnachtsmarkt in der Nähe von Düsseldorf. Er war ein ruhiger, vielleicht etwas schüchterner Typ und ich mochte ihn sehr, um nicht zusagen, ich war eigentlich ziemlich verliebt in ihn. Erst Monate später erfuhr ich, dass er nun eine Freundin hatte und war ziemlich fertig. Ich suchte auf eine Art und Weise Zuflucht bei meinem besten Freund. Ich fuhr mit dem Auto durch die Gegend und in den Ort indem er wohnte. Doch ihn anzurufen traute ich mich nicht.

Damit sind wir wohl schon ein bisschen beim nächsten Thema, meinem besten Freund Michele angelangt. Ihn lernte ich im Gospelchor kennen, in den ich seit kurzem ging. Mein aller erster Eindruck von ihm war total miserabel! Heute muss ich oft darüber lachen. Er ist ein total offener Mensch, der einfach mit jedem anfängt zu reden. Wie es eben so seine Art ist, begrüßte er mich gleich mit Küsschen auf die Wangen und ich dachte mir: „Denkt der eigentlich er ist toll, oder was!? Und soo gut sieht er nun auch nicht aus!" ich war innerlich irgendwie total wütend. Ich weiß nicht, wie ich dieses Gefühl beschreiben soll. Es war wohl einfach absolut nicht mein Ding, dass fremde Leute mir einfach so offenherzig gleich so nahe kommen. Das passte mir damals ganz und gar nicht!

Jedoch hegte ich schon sehr bald Interesse, diesen Menschen näher kennenzulernen. Ich hatte nur keine Ahnung, wie ich das anstellen sollte. Nach einer Probe, wo ich gerade mal 1-2 Monate im Chor dabei war, sprach er mich einfach an, ob ich auch noch mitkomme in ein Restaurant was trinken. Ich sagte ja und wunderte mich, dass er das fragte, da er bisher nie dabei gewesen war im Restaurant, ich jedoch immer noch mit den anderen mitgegangen war. Während jener Probe hatte ich mich hinter den ganzen Chor gestellt, da ich nicht gerne so nahe zusammen stand. Ich ließ mich gehen, bewegte mich mit der Musik und sang mit geschlossenen Augen. Ich dachte, mich würde da ja niemand sehen oder sonst Notiz von mir nehmen. Doch im Restaurant sprach Michele, unser Pianist, mich genau darauf an, erzählte mir von seiner Musikschule, fragte ob ich mal vorbeikommen möge und gab mir eine Visitenkarte. Ich war soo stolz! Musik, Musik, Musik!

Meinen heutigen Freund lernte ich zu Ende meiner späten, berufsbegleitenden Ausbildung als Informatikerin kennen. Da ich intuitiv sofort bemerkte, dass er auf mich zu stehen schien, nahm ich zunächst eine starke Abwehrhaltung ein, in der ich seine Anwesenheit weitgehend ignorierte.

Da er mir aber eigentlich doch sympathisch war und drauszukommen schien, während ich große Mühe mit der Materie hatte, gesellte ich mich irgendwann doch zu ihm. Und obwohl er immer mit demjenigen aus der Klasse zusammen war, mit dem (ich mit eingeschlossen) sonst niemand freiwillig etwas zu tun haben wollte, verbrachte ich die Pause doch (aus persönlichem Interesse) mit ihm. So stellten wir fest, dass wir nur ca. 300 m voneinander entfernt arbeiteten, trafen uns auch mal zum Mittagessen in der Pause und an meinem 30. Geburtstag am Abend nach der Arbeit bei mir im Büro zum Kuchenessen. Und das war wohl mein größtes Geschenk, denn seit diesem Tag sind wir zusammen.

Hätte ich nicht irgendwann doch die Initiative ergriffen mit ihm zu sprechen, sagt er, wären wir heute nicht zusammen.

10. Musik

Die Musik hatte im Grunde schon immer einen sehr hohen Stellenwert in meinem Leben. Schon als Kind sang ich total gerne. Natürlich nur zu Hause, meist nur allein in meinem Zimmer. Ich weiß es auch nicht mehr so genau. Aber ich weiß noch, dass ich so gut wie immer innerlich vor mich hin sang. Nicht immer bestimmte Lieder, sondern irgendwas, was mir eben gerade so in den Sinn kam; lange Geschichten, kurze Gedanken... alles Mögliche, aber natürlich auch Lieder, die wir in der Schule sangen. Manchmal lief ich dann mit dem Liederheft in der Hand nach Hause und „sang still" vor mich hin.

Ich erinnere mich auch noch stark daran, wie ich dann in der Oberstufe von der Schule heimkam, meine Schulmappe in eine Ecke schleuderte, die Musik anschaltete und den ganzen Abend lang nur noch sang! Für mich zählte in diesem Moment kaum noch etwas anderes. Und wenn ich sang, in den Momenten war ich irgendwie einfach nur glücklich und wie befreit. Ich konnte einfach nur ich sein und das tun, was ich wirklich wollte. Ich wollte nie was anderes, nur das. Auch bei der Berufswahl hatten wir in der Familie mit meiner Tante besprochen, was ich am allerliebsten tun würde: „singen!", aber das traute ich mich ja nicht, also wurde es sofort abgehakt.

Es gab eine lange Zeit in der ich es konsequent durchzog, mindestens eine Stunde lang pro Tag zu singen und ich merkte es auch an meiner Stimme. Nur leider war es den Nachbarn oben zu laut oder sonst was. Sogar zu normalen Tageszeiten wie etwa 16:00 Uhr klopften sie schon wie gestört, so dass ich es irgendwann deswegen aufgab, fing aber später wieder damit an und bereute sehr aufgehört zu haben, denn meine Stimme war nicht mehr dieselbe wie davor, weil sie nicht mehr stetig im Training gewesen war. Es ärgerte mich total! Und ich schwor mir, es nie wieder so leichtsinnig aufzugeben, egal, was die Nachbarn da oben auch klagten. Dies zog ich lange durch, bis damals im Jahr 2002 mein Ex-Freund aus Deutschland seine Ferien bei mir verbrachte. In dieser Zeit sang ich nicht täglich meine Stunde und danach meinte meine Mutter, als Christian hier gewesen sei musste ich ja auch nicht, dann müsste ich jetzt auch nicht. Oft meinte sie nach meiner Stunde: „Bist Du endlich fertig mit dem Jammergesang?" was auch nicht gerade motivierend war, aber ich gab dann einfach zurück: „Na, dann muss ich wohl noch mehr üben!"

Im Sommer 2004 wurde ich mal von Bernie, den ich aus der Kirchengemeinde kannte, gefragt, ob ich vielleicht Lust hätte in einem Gospelchor mitzusingen. Vom Kirchenchor wurde ich auch schon des Öfteren angefragt, doch dort hatte ich wirklich keine Lust zu. Mit dem Gospel sah es da anders aus: Ich sang ja gerne in englischer Sprache und Gospel mochte ich auch. Ich ließ mir zwar etwas Zeit mit der Entscheidung, kam dann aber auf das Angebot zurück und singe nun seit September 2004 in diesem Gospelchor mit.

Anfangs hielt ich mich immer sehr im Hintergrund, sang eher leise mit. Während einer Probe in einer Kirche, wo wir demnächst ein Konzert hatten, stellte ich mich ganz nach hinten, sang dort mit und bewegte mich mit geschlossenen Augen mit der Musik. Ich dachte, da hinten würde mich ja niemand sehen, doch nach der Probe kam der Pianist auf mich zu, gab mir einen Handschlag, wie es so seine Art war, und fragte, ob ich auch noch mit ins Restaurant was trinken kommen würde. Ich war verwundert, da er bisher der Einzige war, der nie dabei gewesen war. Er erzählte dann von seiner Musikschule, gab mir sein Visitenkärtchen und meinte, wenn ich mag, sollte ich doch mal vorbeischauen kommen.

Wie immer brauchte das viel Mut, ihn anzurufen. Es war zwar eine Handynummer und ich konnte sicher sein, dass da ja nur er abheben würde, doch andererseits rief ich nie gerne auf Handys an, da man ja nicht wusste, wo sich der andere befand und ob man da gerade stören würde oder so. Am nächsten oder übernächsten Tag, rief ich die Nummer auf dem Kärtchen dann an, erreichte ihn aber nicht, nur die Mailbox, doch da sprach ich nichts drauf. Als ich dann später auf dem Heimweg von meiner Arbeit war, rief er mich zurück und ich musste erst mal noch genauer erklären, wer ich war und wir machten einen Termin aus.

Im Sommer hatte ich mich bereits für das MusicStar Casting angemeldet und im Oktober irgendwie meinen ganzen Mut zusammen genommen, auch dort hin zu gehen, sagte mir unterwegs immer, dass ich doch noch umkehren könnte, aber andererseits auch, dass ich das jetzt auch durchziehen musste, wenn ich schon mal da war. Als ich dann vor der Jury stand und vorsingen sollte, klappte das zwar, doch ich zitterte am ganzen Körper. Es war eine riesen Überwindung, doch ich hatte etwas geschafft, was ich kaum zu schaffen geglaubt hätte. Ich hatte schließlich noch nie allein vor jemand gesungen! Ich weiß nicht, wo ich diesen Mut hergenommen hatte, doch ich denke, es war möglich, weil es etwas war, was ich einfach schon immer so sehr wollte. Ich war stolz auf mich, hatte meinen Eltern nichts davon gesagt, doch alle möglichen Leute vom Geschäft sowie meine Mutter hatten mich dann darauf angesprochen, dass sie mich im Fernsehen gesehen hatten, wenn auch nur bei „Leider nein".

Als ich dann zum ersten Mal in die Musikschule unseres Pianisten Michele ging, war es auch wieder eine neue große Überwindung, vor ihm alleine zu singen. Eine riesengroße Überwindung, doch ich schaffte es. Schließlich kannte ich ihn doch auch schon ein bisschen, wenn auch nur wenig. Eigentlich wollte ich schon immer gerne mal in eine Musikschule gehen um Gesangsunterricht zu nehmen, doch ich hatte mich nie getraut, dies auch zu tun. Nun aber gab Michele mir diese Chance, dass ich nicht fragen musste, sondern gefragt wurde, und ich ihn immerhin doch schon ein wenig kannte und er mir nicht vollkommen fremd war. Im Gegenteil, er war mir ja sogar sympathisch geworden.

Bald schon, strebte ich dann nach einem Solo im Gospelchor. Auch im Arbeitsinternen Chor, den es in meinem Betrieb gab, meldete ich mich immer sofort, wenn nach jemandem für einen Solopart gefragt wurde. Obwohl ich anfangs auch da immer total zitterte, wenn ich dann alleine sang. Aber ich wollte es und übte es so, sang dort sogar mal einen Song von Sarah Connor mit Klavierbegleitung der Chorleiterin vor, welchen ich gerade in der Musikschule auch sang. Sie hatten mich danach gefragt, was ich denn in der Musikschule so singe und ob ich ihnen etwas davon vorsingen möge. Und während alle es eigentlich super gefunden hatten, blieb ich selbst sehr selbstkritisch und merkte mir alles, was schlecht gewesen war.

Von der Musikschule stand ein Konzert an, bei dem jeder Schüler etwas auf seinem Instrument vorspielen oder vorsingen würde. Ich freute mich darauf, war aber doch ziemlich nervös, besonders als ich erst zu singen begann, doch als ich erst mal so richtig im Lied drin war, genoss ich es einfach nur noch, auf der Bühne zu stehen und vor Publikum zu singen. Bei dem zweiten Song, den ich dann mit dem Band-Work-Shop sang, war ich kein bisschen mehr nervös. Es fühlte sich einfach wahnsinnig gut an, eine Band im Rücken zu haben. Das einzig Negative war, dass jeder der Anderen einen Verstärker oder Stagemonitor hatte, ich mich selbst aber so gut wie gar nicht hörte.

Pianist Michele wurde unterdessen zu meinem besten Freund, war für mich wie ein „großer Bruder". Ich schloss ihn für meine Verhältnisse sehr schnell und stark ins Herz. Während er mir bei der ersten Begegnung im

Chor überaus unsympathisch erschien – ich hatte richtigen Groll auf ihn – wegen seiner direkten Art.

Als Michele dann im Frühsommer 2005 in einer Piano-Bar zu spielen begann, wo alle Leute, die wollten, mit seiner Klavierbegleitung singen durften, war auch ich immer mit dabei und fing nach einiger Zeit an, die Leute genau so locker wie Michele es tat, anzusprechen und mir Feedbacks einzuholen. Ich wurde also ein ganzes Stück offener. Die Musik schien mir ungemein an Selbstbewusstsein zu geben!

Auch ins Karaoke gehe ich ziemlich oft. Das ergab sich mal so, als ich Ende 2006 meine Mutter nach einem Weihnachtsessen in einem Restaurant abholen wollte. Sie sagte: „Hier ist Karaoke. Willst Du auch mal singen?" und ich antwortete begeistert mit JA.

Schon damals, als ich 2001 in England war, hätte ich auf der Brighton Pier gerne mal in der Karaoke-Bar gesungen, doch ich traute mich trotz allen Wollens nicht. Heute aber würde ich es nun sofort tun, wenn ich mal wieder dort wäre!

Das allererste Mal in einer Karaoke-Bar gesungen hab ich auf Teneriffa, wo ich 2005 mit meinem besten Freund im Frühlingsurlaub war. Das erste Lied sang ich aber mit ihm gemeinsam. Nächstes dann alleine.

Was mich einmal sehr bewegte, als ich in der Karaoke-Bar sang, war, dass neben mir ein Mann zu seiner Freundin sagte: „Das braucht Mut!". Und ich dachte mir erst im Stillen: ja, gerade ich, die früher nicht mal mit Leuten reden konnte, die ich noch nicht kenne.

Gerade *ich* stehe hier und bekomme von Anderen größten Respekt für meinen Mut. Ich sprach danach noch relativ lange mit den beiden und erzählte, wie extrem schüchtern ich früher gewesen sei. Dass es so undenkbar gewesen war, dass ich sowas jemals konnte, und sie redeten mir gut zu und meinten, dass ich ruhig an mich glauben und nicht an mir zweifeln sollte.

Ich will ja auch nicht gleich ein „Superstar" werden, aber ich genieße es einfach total, wenn ich auf der Bühne vor einem Publikum stehe und singe. Egal, wie unglücklich ich sonst auch gerade bin, während ich singe, fühle ich mich einfach nur glücklich! Ich gehe meinen Weg, meine Schritte, in meinem Tempo und ich weiß, wie viel ich schon erreicht habe, wenn ich bedenke, dass das alles vor nur 2-3 Jahren noch gar nicht möglich gewesen war. Es ist, als habe mich die Musik aus einer Einsamkeit von Stille befreit.

11. Neue Freundschaften

Seit ich nun durch den Chor, die Musik auch privat mehr rauskam und zunehmend offener wurde, entwickelten sich auch neue Freundschaften bei der Arbeit, im Gospelchor und später auch im Ausgang.

Im Geschäft, wo ich arbeitete, freundete ich mich mit einem Mädchen, bzw. jungen Frau aus dem Nachbarsort besonders an. Durch den Gospelchor hatte ich viele nette Leute kennengelernt, die mir sehr ans Herz wuchsen. Besonders, wie schon im Kapitel Musik erwähnt, der Pianist, welcher zu der Zeit der einzige meines Alters war.

Michele wurde zunehmend zu einem engen Freund. Er war wie ein großer Bruder für mich. Die erste Person, wo ich dachte, diesen Menschen möchte ich kennen lernen, und ich mich fragte, wie man sowas denn anstellt. Worüber redet man denn da? Wie lernt man jemand kennen? Gar nicht so einfach, wenn man selbst kaum was spricht. Doch es ergab sich nach und nach, sogar noch relativ rasch! Im September 2004 war ich neu in den Chor gekommen, im Oktober ging ich zu ihm in die Musikschule und im November fragte er mal spontan, ob ich ihn zu einer Party begleiten würde und ich willigte sofort ein.

Als er mich am nächsten Morgen zurück fuhr, kamen wir mehr ins Gespräch. Hauptsächlich fragte er mich aus, aber ich gab bereitwillig Antwort. Es war so viel einfacher, wenn die andere Person Dinge fragte, als einfach selbst irgendwas zu erzählen, wo man doch so unsicher ist, ob ihn das auch interessieren würde oder ob man nur dummes Zeug redete. Ich weiß es nicht. Jedenfalls konnte ich mit ihm bald über alles Mögliche reden. Wir trafen uns nun öfter, ich fühlte mich wohl bei ihm und verstanden, wenn er mir auch mal einfach nur zuhörte und selbst nur wenig dazu sagte. Ich weiß noch, es ging um meinen EX und wie es zu Ende ging, wie demütigend das Ganze für mich gewesen war. Doch ich fühlte nichts mehr, keinen Schmerz oder so, nur noch Leere in der Hinsicht auf meinen Ex-Freund Christian. Ich erzählte wohl relativ trocken und mit einer lachenden Maske die mein Gesicht verdeckte. Doch er bemerkte das nicht nur, sondern sprach mich direkt darauf an: „Warum lachst Du eigentlich die ganze Zeit? Es ist doch gar nicht lustig!" Nun fühlte ich mich ertappt, irgendwie wie bloßgestellt, aber nicht mal auf negative Weise. Ich hatte angefangen mein wahres Ich zu verdecken mit einem ständigen Lachen, weil es ja eh nie jemanden interessiert hatte. Wenn ich mal auf ein ernstes Thema ansprach, auf eine Situation, die verletzend gewesen war oder sowas, dann wurde immer schnell wieder auf ein anderes Thema abgelenkt. Aber er – er hörte zu, er verstand oder zumindest fühlte ich mich total angenommen und verstanden durch diese Art und Weise wie er sich verhielt. Es gab schnell absolut kein Tabu mehr – ich konnte absolut offen und ehrlich mit ihm über wirklich alles reden, wie ich es einfach zuvor noch nie gekonnt hatte.

Das schien aber auch an seiner gnadenlosen Ehrlichkeit zu liegen, denn er sagte immer seine Meinung und zögerte Dinge nicht hinaus, die ihn störten, wie es mein EX immer zu tun pflegte. Nein, man sollte ja nicht ständig an allem rummäkeln, aber dafür irgendwann alles Angesammelte wie ein Mülllaster über einem auskippen und ich war einfach nur überfordert gewesen, wenn Christian das tat. Sofort waren da Zweifel und Depressionen gewesen. Doch Michele sprach alles diskret an. Vielleicht nicht genau in dem Moment als es stattfand, aber bald danach unter vier Augen. Damit konnte ich dann auch umgehen, da es nicht so eine riesen Last auf einmal war. Ich erinnere mich da noch so genau daran, als wir im April 2005 zusammen im Urlaub gewesen waren und er ein Verhalten von mir total peinlich fand. In dem Moment, dort im Restaurant hat er nichts gesagt, mir aber nachher anständig und freundlich, keineswegs vorwerfend seine Meinung geäußert. Dieses Verhalten und diese direkte Ehrlichkeit ist genau das, was ich so sehr an anderen Menschen schätze.

Melody lernte ich eher durch Zufall kennen; wir waren im selben deutschen Internetforum unterwegs und ich wusste erst nur, dass sie auch aus der Schweiz, sogar Kanton Zürich kam, doch als ich las, dass sie in einem direkten Nachbarsort wohnte und ebenfalls so musikbegeistert war wie ich, machten wir mal aus, uns bei einem Gospelkonzert zu treffen, wo ich mit einem ehemaligen Arbeitskollegen, der ebenfalls in unserem Gospelchor mitsang, hinging. Da war ich bereits recht offen für so eine erste Begegnung. Okay, ich war nicht ganz alleine, aber doch war es noch eher unüblich zu dem Zeitpunkt. Nach diesem ersten Treffen fragte sie mal spontan, ob ich Lust hätte, ins Karaoke zu gehen und wir verabredeten uns zum ersten Mal direkt und gingen dann öfters am Wochenende zusammen dort hin.

Auch dort – im Karaoke – lernte ich so nun neue Leute kennen. Ob sie mal noch jemand mitbrachte, oder ich mit irgendwem ins Gespräch kam. Mittlerweile sprach ich sogar selbst ab und zu mal jemand an. Ein solches Ansprechen geschah übrigens eher spontan, als mit langem Nachdenken oder so, denn je länger ich darüber nachdenke, wie ich denn jemand ansprechen, was ich sagen, wie auf jemand zugehen soll, umso schwieriger schien es zu werden. Umso dicker wurde die unsichtbare Wand zwischen mir und der anzusprechenden Person. Und so ist es heute noch oft!

12. Konfrontationen

12.1 - Interessegruppe Mutismus Schweiz

Wie lange hatte ich nun schon immer wieder darüber nachgedacht, endlich mal eine offizielle Website zum Thema *Selektiver Mutismus* in der Schweiz aufzubauen! Was mich bisher davon abgehalten hatte, war einzig und allein die Unsicherheit wegen der Seriosität und fehlenden, in diesem Fall aber nötigen fachlichen Kompetenz für eine wirklich offizielle Internetplattform. Zumindest eine Fachperson hätte da wohl noch involviert sein müssen um dies dann wirklich zu realisieren.

Irgendwann Anfang Jahr 2008 fand ich in meinem E-Mail-Postfach eine Einladung zu einem Treffen für Leute, die sich für das Thema *Selektiver Mutismus* in der Schweiz interessierten. Und da ich schon immer auf einen solchen Austausch mit anderen Leuten gebrannt hatte, meldete ich mich nach kurzem Überlegen direkt an.

Ursprünglich hätte dieses Treffen in der Praxis einer Psychologin stattgefunden. Doch kurzfristig wurde dann, wegen der widererwartet vielen Anmeldungen, in ein Gemeinschaftszentrum in derselben Ortschaft umdisponiert.

Am. 3. April war es dann soweit. Rund 50 Leute waren anwesend - Eltern betroffener Kinder, Psychologen oder Psychologie Studenten, Logopäden und Kindergärtnerinnen. Ich zwängte mich unsicher an den vielen Leuten vorbei nach vorne und setzte mich still auf einen freien Platz, wo ich dann gleich zu Beginn von der vor mir sitzenden Frau angesprochen wurde, ob ich *die* sandyneedsmusic aus dem deutschen Mutismus-Forum sei. Es war mehr eine Feststellung, als eine Frage. Die Frau, welche sich mir als Irene vorstellte, erschien mir sehr freundlich und geschwätzig und ich hielt mich für den Rest des Abends mehr oder weniger an sie, weil ich ja sonst niemanden kannte. Manche kamen mir auf rätselhafte Weise irgendwie bekannt vor, doch ich konnte mich nicht erinnern, ob ich sie tatsächlich schon einmal irgendwo gesehen hatte oder nicht.

Ich saß während den Referaten und der anschließend offenen Fragerunde nur still da, hörte zu, während ich immer, wenn sich mein Blick mit dem einer der zuvor referierenden Psychologin traf, das Gefühl hatte, sie würde mir ansehen, dass ich selbst Betroffene bin. Wahrscheinlich hätte ich auch selbst an so einigen Stellen etwas mit zur Fragerunde beitragen können, doch ich traute mich auch dann nicht etwas dazu zu sagen, wenn andere Beispiele nannten, die ich doch selbst nur zu gut kannte. Wie z.B. bei dem bekannten Phänomen, wo sich die Kleinen im Kindergarten nicht zu äußern trauen, wenn sie mal auf die Toilette müssten.

Mich beeindruckte eine Kindergärtnerin, die in jener Situation pädagogisch offenbar sehr fähig war. „Weißt du, ich würde es nicht verlangen, wenn du nicht sprechen könntest. Aber ich weiß, dass du es *kannst*!" sagte sie zu dem mutistischen Mädchen, das wie wild vor ihr rumtänzelte, weil es mal dringend musste. Anscheinend hatte sie dabei genau die richtige Mischung aus Verständnis und Geduld gewählt und ist damit zu dem Kind durchgedrungen. Ganz leise und schüchtern habe dieses sich dann doch verbal geäußert.

Viele andere hatten es gerade mal dazu gebracht, dass solche Kinder sich in die Hose gemacht hatten, weil sie sich einfach nicht zu fragen überwinden konnten. Ein Vater äußerte sich, dass das seinem betroffenen Sohn im Kindergarten mal passiert sei und dieser den Lehrer heute – 6 Jahre später – noch dafür hasste.

Später sollte es zwei Diskussionskreise geben: einer für Eltern oder Angehörige Betroffener (Kindern) und einer für Fachleute, bzw. diejenigen, welche beruflich damit zu tun haben. In welchen dieser *zwei* Kreise gehörte *ich* nun? Da die Gruppe der Angehörigen gut doppelt so groß war, als die der Fachleute, teilten sich diese nochmal entzwei – nach älteren, bzw. jüngeren Kindern. Schließlich gesellte ich mich einfach zu jener Gruppe, in der Irene war. Ich erfuhr dann noch, dass Irene keine 10 Kilometer von mir entfernt wohnte.

Die drei Gruppen diskutierten, tauschten sich über Therapiemöglichkeiten und zu empfehlende Fachpersonen aus und sammelten Ideen zusammen, was man so tun könnte, um auf das Thema aufmerksam zu machen und den Betriff *Mutismus* nicht weiter so unbekannt bleiben zu lassen, wie er es in der Gesellschaft doch ist.

Als am Ende jede Gruppe ihre Inputs vorbrachte, schien klar, dass eine der allerersten Maßnahmen eine

Website sein sollte. Ich hatte in meiner Gruppe bereits erwähnt, dass *ich* das machen könnte, doch die Vortragende erwähnte das vor der ganzen Gemeinschaft nicht. Also wartete ich erst mal ab und meldete mich zaghaft und relativ leise, als Frau Dr. Nitza Katz-Bernstein darum bat, es mitzuteilen, wenn man jemand kennt, der das (natürlich auch möglichst kostenlos oder günstig) machen könnte. – *Ich* kann das machen – ich *will* das machen!

Auch viele der Anwesenden schienen bereits nach der Domain mutismus.ch geschaut und rausgefunden zu haben, dass es da noch nichts gab, die Domain aber bereits vergeben war. Natürlich wusste auch ich das und hatte jeden Inhaber dazu befragt, was denn dort mal entstehen sollte und bot mich auch an, das weiter abzuklären, ob wir diese Domain bekommen könnten, wenn er damit nichts mache. Nun lag es also an mir, die wirklich offizielle Plattform im Internet zum Thema *Mutismus* für die Schweiz zu erschaffen. Dieses Treffen war für mich also die passende Gelegenheit, es nun doch zu realisieren. Glücklicherweise (jedenfalls für mich) gab es niemand anderen dort, der die nötigen Kenntnisse hatte, eine Website zu kreieren. Somit bekam ich großen Beifall der Anwesenden, als ich mich gemeldet hatte.

Nun schrieb ich also nochmal den Domaininhaber an, welcher mir auf meine Anfragte vor einiger Zeit mitgeteilt hatte, dass dessen Freundin, welche Psychologie studierte, sich überlegt hatte, dort eine Plattform entstehen zu lassen, es aber noch keine konkreten Pläne gäbe. Ich berichtete kurz von dem Treffen einer Interessen-

gruppe und fragte ob er uns die Domain vielleicht über-
lassen würde. Dann machte ich mir Gedanken zu einem
Layout und Design und installierte bereits ein Forum,
welches ich dann noch dem Design der bevorstehenden
Website anpassen könnte.

Ich war total enthusiastisch! In Deutschland war das ja
so ähnlich: Michael Lange, ein Betroffener, der ebenfalls
noch bis weit ins Erwachsenenalter unter selektivem
Mutismus litt, oder gar noch immer darunter leidet,
hatte 2002 angefangen eine Website aufzubauen und
damit zu informieren, was Mutismus überhaupt ist, da
kaum jemand überhaupt etwas mit diesem Begriff an-
fangen konnte, es jedoch viel mehr Betroffene gäbe, als
man denkt. Das Thema scheint wirklich sehr viel weiter
verbreitet zu sein, als man annimmt. So wurde ja auch
zu diesem allerersten Treffen in der Schweiz gerade mal
mit etwa 10 Leuten gerechnet, während sich bald rund
50 Interessenten dazu angemeldet hatten!

Als Michael Lange damals die Deutsche Website online stellte, wurde dieser fast umgehend von dem Sprach-
therapeuten Dr. Boris Hartmann, welcher sich auf das
Themengebiet des Mutismus spezialisierte, kontaktiert
und so reifte dann diese Internetpräsenz im Laufe der
Zeit aus und die Resonanz darauf war groß.

Somit war ich nun selbst total gespannt darauf, wie
das nun in der Schweiz werden würde und freute mich
außerordentlich, dass ich diejenige war, die es realisieren
konnte und durfte!

12.2 - Tagung der „Mutismus Selbsthilfe Deutschland e.V." in München

Ich traf Michael Lange und auch Dr. Boris Hartmann nur einen guten Monat später bei deren Tagung der „Mutismus Selbsthilfe Deutschland e.V." in München. Erst ein paar Tage davor hatte ich mich noch kurzfristig entschieden, bei dieser Tagung zugegen zu sein und meldete mich noch sehr kurzfristig an. Die Unkostengebühr für Raummiete und das Mittagsbuffet sollte ich dann vor Ort direkt an Michael bezahlen. Ich wusste, dass es in Deutschland auch Betroffene selbst dabei haben würde und dachte, es würde spannend werden, mich eventuell mit anderen ehemaligen Betroffenen zu unterhalten.

Ich war mit dem Auto ganz alleine nach München gefahren und heilfroh, als ich dann vor dem Hotel, indem die Tagung stattfand, Frau Dr. Katz begegnete, die gleich meinte: „Sie kenne ich doch!?". Nachdem sie mich sehr nett begrüßt hatte, führte sie mich zu dem Raum, indem die Tagung stattfand, und stellte mir Herr Dr. Hartmann vor, welchen ich von dem Beitrag aus Stern TV her sofort wiedererkannte. Ich war erfreut, ihm persönlich gegenüber zu stehen, denn er kam für mich schon im TV so rüber, als ob er wirklich ziemlich gut darüber Bescheid weiß, wie es den Betroffenen damit ging.

Wie auch bei dem Treffen einen Monat zuvor in der Schweiz, wurden wir mit Namenstäfelchen versehen. Nun hielt ich Ausschau nach Michael, der, als ich auf ihn zukam, gerade seinen Mut zusammen zu nehmen schien, um mich darauf anzusprechen, dass ich noch den Unkostenbeitrag bezahlen musste. Jedenfalls glaubte ich, dies in seinem Gesicht zu lesen und streckte ihm sogleich den Geldschein entgegen. Er nickte mir zu, dankte leise und steckte den Schein ein. Als ich später, während einer Pause mal wieder neben ihm her ging und munter drauflos plapperte: „Na, dann sind wir ja jetzt Kollegen!?", da er ja die Deutsche und ich die Schweizer Website ins Leben gerufen hatte. Doch er schaute nur mit gesenktem Kopf unsicher zwischen dem Boden und mir hin und her, während er nur sowas wie „ja" vor sich hin murmelte. Mich irritierte diese, doch noch so große Unsicherheit, besonders nachdem *er* doch zu Beginn der Tagung die Begrüßungsrede gehalten hatte. Nicht viel anders erging es mir auch mit einer anderen (ehemaligen) Mutistin, die mir Frau Dr. Katz mit dem Kommentar „sie spricht seit 3 Jahren" vorstellte. Die junge Frau gab mir kaum eine Antwort und wollte mir auch ihren Nicknamen im Deutschen Forum nicht verraten, obwohl sie genau wusste, wer ich war. Noch eine ganze Zeit lang würde ich mich verunsichert fragen, hinter welchem Nicknamen sie sich in diesem Forum wohl verbarg. Doch ich weiß es bis heute nicht…

Bei beiden dieser, wohl doch noch immer Betroffenen, wusste ich nicht mit dieser, für mich ungewohnten Situation umzugehen. Ich war irritiert und lief dann einfach wieder weg. Wie sollte man mit einer Person umgehen, die nicht mit einem sprach, kaum auch nur ein „ja" oder „nein" rausbrachte? Obwohl ich doch immer selbst so gewesen war als Kind und bis vor Kurzem noch, hatte ich keine Ahnung, wie ich mich nun verhalten und damit umgehen sollte. Ich war selbst zutiefst verunsichert. Irgendwie hatte ich wohl erwartet, dass sie wenigstens mit mir, einer Leidensgenossin sprechen würden, sich vielleicht auch nach einem gewissen Austausch sehnten. War ich denn wirklich schon so viel weiter als diese beiden, die ich da antraf? Bei der jungen Frau wunderte es mich ja weniger als bei Michael, der ja doch um die 10 Jahre älter war als ich, doch trotzdem war das Ganze sehr befremdlich.

Andererseits machte es mir aber auch Mut, dass ich wohl doch schon offener geworden und fast "normal" war. Noch nicht lange war es her, dass ich in Zürich eine Mutistin getroffen hatte, über deren E-Mail ich wieder stolperte, als ich mein Postfach nach Mutismus durchsuchte. Ich weiß nicht mehr, wie lange es her war, dass sie geschrieben hatte, aber gut möglich, dass es um die ein oder zwei Jahre waren. Damals hatte ich nicht geantwortet. Wahrscheinlich war ich irgendwie noch nicht zu einem Austausch mit anderen bereit gewesen oder es interessierte mich einfach noch nicht so sehr, wie ich mich jetzt damit beschäftigte. Jedenfalls war diese Mutistin mir gegenüber ziemlich gesprächig wie der gesellschaftliche Durchschnittsmensch, wenn nicht sogar etwas mehr. Beim Beobachten aus einiger Entfernung wäre kein Mensch jemals darauf gekommen, dass wir beide mutistisch waren. Nur in Situationen, in denen und jemand ansprach oder auf engerem Raum hinzukam, senkte sie unvermittelt den Kopf und verstummte. Beim gehen beschleunigte sie vehement ihre Schritte. Erst jetzt konnte ich nachvollziehen, wie es damals für Michele rüberkam, wenn ich plötzlich still wurde.

Einmal, nachdem wir ein Haus besichtigen waren, erzählte er mir, dass ich ganz normal mit ihm geplaudert und gealbert hätte und sobald sich die Türe öffnete sofort völlig still gewesen sei, wie von einer auf die andere Sekunde völlig verändert und passiv wirkend.

Und auch damals, gut drei Jahre zuvor, bei unserem ersten gemeinsamen Urlaub auf Teneriffa, konnte er mein Verhalten einfach absolut nicht verstehen oder gar nachvollziehen, denn was *Mutismus* ist, wusste er damals ohnehin noch nicht. Die Situation war, dass wir in einem Freibad waren und ich ein Eis wollte. Er gab mir seine Geldbörse und meinte, ich solle ihm auch noch eines mitbringen. Doch ich wollte, dass er mitkommt, weil er wenigstens ein bisschen Spanisch konnte und ich irgendwie paradoxerweise Angst hatte, nicht verstanden zu werden. Heute muss ich darüber lachen – ich war doch schon 24 Jahre alt! – kein Wunder, dass Michele völlig fassungslos darüber war, dass ich mich völlig entnervt so sehr verweigerte, obwohl *ich* doch ein Eis *wollte*. Erst eine ganze Weile später kam er dann mit mir und die Situation löste sich, als wir feststellten, dass die Verkäuferin auch Englisch verstanden hätte. Nun kam es mir selbst schon fast lächerlich vor, dass ich mich bloß wegen der Sprache so gesperrt hatte, einfach selbst zu gehen.

Nur eineinhalb Jahre später bei einem Urlaub in Frankreich sah das Ganze schon anders aus: als mich in einem Laden die Kassiererin was fragte, sagte ich nur: "je ne parle pas le français" woraufhin diese sofort englisch mit mir sprach. Ich glaube, selbst Michele war dort leicht erstaunt, als ich einfach wie selbstverständlich allein in den Laden ging, ohne ihn vorher zu fragen.

12.3 – Gedanken zu meinem eigenen Verhalten

Obwohl ich inzwischen den Mutismus zwar wohl weitgehend überwunden habe, gibt es noch immer so dumme Situationen, in denen ich mich einfach noch immer so verhalte, bzw. mich wieder was nicht traue oder überwinden kann.

Hier drei Beispiele, welche sich kurz nacheinander ereignet hatten:

1.) Bei meinem besten Freund zu Hause, (da wurde gerade etwas umgebaut), als ich in die Küche musste, wo der Handwerker gerade in einen Küchenschrank am Boden gekrochen war, konnte ich aufgrund dessen die Tür nicht weit genug öffnen, um durchzugehen. Ich stand dann erst einfach nur stumm da und wusste nicht, wie ich darauf aufmerksam machen sollte, dass ich mal eben rein musste. „Ob ich da wohl durchkomme?" Es war wohl mehr laut gedacht, als wie zu mir selbst gesagt, jedenfalls hatte er mich wohl nicht gehört. Anstatt weiter zu versuchen, auf mich aufmerksam zu machen, ging ich zu meinem besten Freund zurück und meinte nur so, dass der Kücheneingang gerade versperrt sei, aber nicht, dass ich mich nicht traute was zu sagen – was er ohnehin gewusst haben wird, da er ja von meinem (früheren) selektiven Mutismus weiß. Er äußerte sich damit, dass er sich schon vorstellen konnte, wie ich nur stumm da gestanden hätte, woraufhin ich aber widersprach, dass ich schon was gesagt hätte, dieser aber eben nicht darauf reagiert hatte. Und… ja klar, mehr traute ich mich eben irgendwie nicht.

Nun im Nachhinein kann ich es selbst nicht mehr verstehen und denke mir so: warum konntest du nicht einfach sagen: „Entschuldigung, kann ich mal eben vorbei?" Diese Gedanken kamen mir 3 Tage später. – So lange brauche ich jetzt noch manchmal, um den Mut zu finden, etwas zu sagen. Früher dauerte das noch einige Wochen.

2.) Ichß in einer Bar auf einem anderen Platz als mein Getränk stand, jedoch am selben Tisch. In meinem Glas war zwar nur noch wenig drin, aber doch noch 2-3 Schlucke und die Service-Angestellte räumte einfach ab. Ich sah nur stumm zu, unfähig etwas wie „Hey, das ist meine Cola, die trinke ich noch!" zu sagen.

3.) Als am selben Abend mein bester Freund, nach dem Spielen in der Bar, seine Sachen ins Auto gebracht hatte, während ich eigentlich noch mit ihm gesprochen hatte, setzte er sich danach gleich zu anderen Freunden an den Tisch und ich konnte nicht einfach mit ihm weiter reden. Da ich die Gespräche am anderen Tisch, von welchen ich ohnehin nicht mal was verstand, da sie sich französisch unterhielten, nicht stören wollte, blieb ich dann einfach am Nebentisch sitzen und schaute ab und zu rüber bis er dann irgendwann endlich mal aufstand und nachfragte, was ich denn noch mache und sie würden noch ein bisschen weitergehen. Ich meinte nur unsicher, dass ich eigentlich nur noch mit ihm zu Ende reden wollte, wo ich vorhin noch dabei gewesen war. Aber er meinte, er wolle sich jetzt mit denen unterhalten, (was ich ja schon gemerkt hatte), aber anstatt dann einfach hinzugehen, ihn anzustupsen, noch sagen, was ich sagen wollte und mich dann zu verabschieden, saß ich nur wie eine Dumme stumm drüben und wartete.

Ich hasse das so! Ich hasse das an mir, denn eigentlich bin ich das ja gar nicht! Eigentlich bin ich doch ein ziemlich offener Mensch, quatsche gerne, habe gerne auch mal Leute um mich herum – nur kann ich mich einfach manchmal so sehr nicht überwinden, was mich in dem Moment selbst richtig, richtig ärgert, und ich denke wie dumm ich nur war, dass ich nichts gesagt habe! So wie in diesen drei eben geschilderten Situationen. Es sind doch nur soo kleine Dinge! Da trau ich mich manchmal doch noch so viel mehr; zu sagen, zu fragen, sogar zu singen. Aber da dann plötzlich einfach wieder nicht, etwas zu sagen! Das ist für mich echt so zum Heulen!

Und andererseits schaffe ich es doch mittlerweile sogar z.B. in einem Bus, der extra nochmal angehalten hat, weil ich noch angerannt kam, laut von ganz hinten nach vorne „Danke" zu *rufen*. Und andere Sachen wie diese. Warum habe ich denn da *keine* Angst! Zumindest nicht *mehr*. Doch dann, manchmal nur bei solchen scheiß Kleinigkeiten, kann ich mich einfach nicht überwinden! Was soll das? Ich verstehe das nicht!

Also *wie*… soll das nur ein anderer Mensch verstehen, wenn ich es selbst nicht mal tue?!

13. Mutisten unter sich

Als ich mal wieder Urlaub machen wollte und nicht wusste mit wem, stellte ich auf Facebook die Frage in den Raum, wer mit mir in Urlaub kommen würde und da meldete sich eine Person an die ich in diesem Zusammenhang gar nicht gedacht hatte: Tanja, eine Mutistin, die ich nun seit knapp einem Jahr kannte. Sie war 20 und als ich ein knappes Jahr zuvor ein paar Monate am selben Ort arbeitete wie sie, erkannte ich mich in ihr so oft selbst wieder, wie ich damals war, als ich meine Lehre damals dort angefangen hatte. Manchmal hatte ich das Gefühl, dass sie gerne was zu mir sagen würde, es aber irgendwie wohl doch nicht raus brachte, auch wenn sie ja wusste, dass ich dasselbe habe wie sie und aus demselben Grund da war, wenn ich auch mittlerweile schon recht viel offener war als sie. Bisher hatten wir zwar gar nicht mal so viel miteinander zu tun gehabt, doch trotzdem war ich von der Idee, mit ihr in den Urlaub zu fliegen, begeistert und so planten wir.

Es war ganz schön spannend... beim Schreiben ist sie völlig normal und offen, wie ich ja auch, aber als wir zusammen in den Ferien waren, war sie irgendwie recht gehemmt, sagte eigentlich nur das Nötigste und ich fands irgendwie ganz schön anstrengend am Anfang, da ich mich dadurch selbst noch unsicherer und gehemmter verhielt. Ich denke, es war mir irgendwie unangenehm, wenn immer nur ich geredet hätte. Ich fragte oft nach, ob wir dies oder das machen sollten und beim

Essen verständigten wir uns nach dem Beenden des einen Ganges und dem Aufstehen zum nächsten nur mit Blicken. Aber das wiederum war eigentlich sehr angenehm. Bei Ausflügen waren wir uns auch einig, welche wir machen wollten etc. nur war es abends manchmal auch schwierig, zu wissen, ob sie wirklich noch an einem Ort bleiben wollte oder nicht und so habe ich dann einfach immer mal gefragt und mich darauf verlassen, dass sie schon ehrlich antworten würde, ob sie noch mag oder nicht. Das gab sich dann jedoch mit der Zeit, damit, dass sie dann gegen Ende der Woche immer etwas offener wurde, so wie ich auch. Es schien, als brauchte sie einfach diese Eingewöhnungszeit und am Tag vor unserer Abreise schwatzte sie, bzw. wir, pausenlos und lachten. Sie war nun völlig "normal" offen und extrem lebhaft! Das war so schön, sie live so zu erleben und wünschte mir, wir hätten nicht nur eine, sondern zwei Wochen gebucht.

Also wenn ihr mich fragt, dann sind Mutisten eigentlich noch viel kontaktfreudiger und lebhafter als so manch andere "normalen" Leute. Wenn wir dann mal aus uns rauskommen, hat man mit uns bestimmt umso mehr Spaß.

Ungefähr einen Monat später fand das erste Mutisten-Treffen in Zürich statt, welches ich auf die Beine gestellt hatte. Jungerwachsene und Kinder mit ihren Müttern. Ich hatte die Regel aufgestellt, dass pro Mutist nur eine einzige Begleitperson dabei sein durfte, da diese den Mutisten nicht überzählig sein sollten.

Letztlich waren wir fünf Jungerwachsene, ein Jugendlicher und vier Kinder mit ihren Müttern dabei. Ich war furchtbar nervös, als ich endlich am Treffpunkt aufschlug. Schließlich war ich diejenige, die das alles organisiert hatte und alle Anwesenden hatten somit Erwartungen an mich. Ich war froh als Tanja mit ihrem Freund auftauchte, wodurch ich mich schon etwas sicherer fühlte. Wir schlenderten dann zusammen zum See und unterhielten uns dort eine Weile. Danach wollten wir zusammen in einem Restaurant in dem ich extra reserviert hatte, zu Abend essen.

Kurz vor der Verabschiedung stellte ich den anderen Jungerwachsenen die Frage, die ich mir selbst schon oft gestellt hatte: „Wisst Ihr eigentlich *wovor* Ihr Euch fürchtet, wenn Ihr Euch etwas nicht traut?" Die Antwort fiel einstimmig aus: *Nein*.

14. Einflussnahme

Den wohl größten Einfluss auf mein Leben nahm meine Tante, die Frau meines Patenonkels. Sehr sehr lange habe ich darüber nachgedacht, ob ich nun ein Kapitel dazu schreiben soll oder nicht. Doch sie hatte gesamtheitlich gesehen immer einen wahnsinnig großen Einfluss auf mich und meinen Lebensweg, so dass ein ziemlich relevanter Teil fehlen würde, wenn ich es wegließe. Möge sie mir gnädig und nicht böse sein.

Bevor ich jedoch beginne, möchte ich nochmal klar betonen, dass ich überzeugt bin, dass sie wirklich immer nur das Beste für mich wollte, auch wenn man das teilweise anzweifeln möge.

Wie wohl schon öfters betont, ist es unmöglich diesen selektiven Mutismus nachvollziehen zu können. Und was mich so überzeugt von dieser Hypothese macht, ist, dass ich es ja selbst noch nicht mal begreifen kann. Und man kann ja nicht erwarten, dass jemand etwas versteht, was man selbst ja auch nicht versteht, oder?

Ich weiß, dass sie mir immer nur helfen wollte mit dem, was sie tat. Doch sind ganz viele negative Erlebnisse so tief und fest in mir verankert, dass sie mich heute noch nicht loslassen so sehr ich sie auch abzuschütteln versuche. Zu einem Großteil dessen gehört der ungeheure Druck, etwas gerecht werden zu müssen, was ich einfach nicht konnte. Momente in denen ich so sehr von Panik erfüllt war, dass für alles andere kein Platz mehr blieb.

Trotz all dieser negativen Erlebnisse, gab es natürlich auch viel Gutes an ihr und so erinnere ich mich auch noch sehr gut an ein positives Erlebnis: einmal schickte sie mich alleine in einen Laden um einen Zwiebelhacker für sie zu kaufen. Ich weiß das alles noch so genau, es hat sich eingebrannt, weil es von großer Bedeutung für mich war. Denn ich habe es geschafft! Und ich weiß, dass sie es gemacht hat, um mich herauszufordern, mich zu überwinden, es zu lernen. Ich weiß, dass sie das Beste getan hat, was sie dachte tun zu können und dafür bin ich auch wirklich dankbar!

Allerdings muss ich auch sagen, dass das Ganze in der Kindheit noch nicht wirklich ein Problem darstellte. Das alles kam erst viel später, mit dem nahenden Ende der Schule. Da sie die Frau meines Patenonkels ist, fühlte sie sich irgendwie dazu verpflichtet, mir zukunftsspezifisch behilflich zu sein. Sie half mir wo sie nur konnte. Ob mit Bewerbungen, Lehrstellenausschreibungen, wenn sie sonst etwas in einer Zeitung sah, was etwas für mich sein könnte, schickte sie es mir sofort per Post zu und telefonierte zum Teil auch rum um mir eine Schnupperlehrstelle zu verschaffen.

Gerade *weil* ich kaum sprach, fassten sie Dinge wie Verkäuferin ins Auge. Dabei könnte ich das „mit anderen Reden" lernen. Das wäre wohl ein Job gewesen, welchen ich selbst niemals in Betracht gezogen hätte. Ich wollte lieber Buchbinderin werden oder Floristin oder Fotofinisherin. Doch ich hatte mich von den anderen so einvernehmen lassen, Verkäuferin wäre das Richtige für mich, dass ich es irgendwann sogar selbst glaubte.

Ich lernte, immer „ja" zu sagen, wenn jemand beim Schnuppern fragte, ob es mir gefiel, ganz egal, ob es stimmte oder nicht. Ich sollte immer nur positiv antworten, um den Leuten zu zeigen, dass ich Interesse hatte und etwas wollte.

Als sie irgendwann mit der Idee kam, mich mit 17 für ein ganzes Schuljahr über nach Südengland zu schicken und ich das Ganze mit meiner Angst vermasselt hatte, wurde sie furchtbar wütend.

Langsam begriff ich, dass nichts, was ich jemals tat jemals gut genug sein würde. Nichts würde jemals dem gerecht werden, was sie von mir erwarteten.

Bestimmt hatte das Ganze auch sein Gutes, denn wenn ich nun Kritik bekam, setzte ich das meiste *sofort* um, weil ich es mir gewohnt war, dass man das von mir verlangte, besser noch gestern als heute.

Meine Job-Coach meinte, dass sie es noch *niemals* erlebt habe, dass jemand die Kritik, die man ihm entgegen bringe, so schnell umsetzen könne wie ich. Wir hatten auch sehr oft Gespräche über meine Tante wegen diesem ungeheuren Einfluss, der mich noch heute so stark beherrscht und während meiner Ausbildung so viele Blockaden verursachte. Da mir nichts, was ich tat, gut genug schien, konnte ich auch kein Lob dafür annehmen, weil ich, egal was immer zu schaffen, als so selbstverständlich empfand, dass ich nicht noch stolz darauf sein konnte. Weil all das was ich noch erreichte, bereits vor vielen Jahren hätte erreichen müssen.

Ich empfinde es auch stark so, dass meine Tante mich das jetzt spüren lässt, denn ganz egal, was ich ihr auch über die Ausbildung oder andere positive Dinge berichte, es kommt kaum mal auch nur ein einziger kurzer Satz zurück. Mir scheint, nur weil sie sich damals solche Mühe gegeben hat und ihr all das umsonst zu sein schien, interessiert es sie jetzt gar nicht mehr, was ich tue. Ich hörte mal von meiner Oma, dass sie sich beklagt hätte, dass ich mich ja nie melde, also begann ich, ihr öfters mal zu schreiben, doch nie bekam ich eine Antwort darauf und heute auch nur sehr selten.

15. Späte Erstausbildung

Es war wieder einmal meine Tante, die mir einen Artikel über eine neue Firma in Zürich zuschickte mit dem Verweis, dass das vielleicht etwas für mich wäre. Es ging darum, dass dieses Unternehmen bevorzugt Autisten mit Asperger-Syndrom einstellte. Sofort kochte wieder eine Wut in mir auf, weil meine Tante anscheinend immer noch nicht kapiert hatte, dass ich nicht autistisch, sondern mutistisch bin, es aber schon immer so war, dass sie mich mit meinem Bruder verglichen, der davon betroffen ist. Doch dann las ich den Artikel aufmerksam durch, besuchte die Website dieser Firma und dachte schließlich, dass das doch tatsächlich etwas für mich sein könnte und ich mich da einfach mal bewerben würde, da ich ja kaum etwas zu verlieren hatte. Ich dankte meiner Tante ganz herzlich mit einem Kärtchen, legte noch einen Mutismus-Flyer dazu und bewarb mich dann sofort bei dieser neuen Firma.

Diesmal ging es auch nicht so sehr um die „korrekte Bewerbung" bei der man möglichst nur das Positive hervorheben und bloß nicht Negatives schreiben sollte. Somit konnte ich offen schreiben, was mein Problem dabei ist, in die Arbeitswelt integriert zu werden, obwohl ich die Fähigkeiten dazu sehr wohl hatte.

Die Antwort auf meine Bewerbung ließ nicht lange auf sich warten: *Ihre Bewerbung hat mich sehr angesprochen. Tatsächlich brauche ich eine Webdesignerin. Und Ihre Sites gefallen mir!*

Und so machte ich mich auf mein erstes positives Vorstellungsgespräch gefasst. Noch nie zuvor war ich mir einer Sache so sicher wie zu diesem Zeitpunkt. Schon zuvor gönnte ich mir zur Feier des Tages ein Mittagessen auswärts. Und nachdem wir uns eine Weile unterhalten hatten, äußerte meine neue Chefin, dass sie mich am liebsten gleich *sofort* einstellen würde.

Als ich dann noch erwähnte, dass ich jetzt mit 27 noch immer ohne Ausbildung dastand, überlegte sie kurz und fragte dann, ob ich denn gerne noch eine machen wolle und ich ja eventuell bei ihr eine Informatiker-Ausbildung machen könnte. Natürlich wollte ich diesen Vorschlag gerne annehmen. Möglicherweise könnte ich sogar eine berufsbegleitende Erwachsenenausbildung machen, einen Umsteigerlehrgang, welcher anstatt der vier nur zwei Jahre dauern würde.

Ich war beeindruckt und froh, dass es noch so jemand gab, der versteht, dass auch ruhige Menschen, die eben nicht „normal" sind, doch auch ihre besonderen Fähigkeiten haben. In ihrem Fall, die selbst vom Asperger-Syndrom betroffen war, die Autisten, welche oft am Ende bei der IV landen, weil in der „normalen" Arbeitswelt eben niemand so jemand „komisches" einstellen will. Jedoch seien Autisten weniger die Designer, können aber ausgezeichnet mit Zahlen und so ziemlich allem umgehen, was berechenbar ist. Meine Chefin hatte zwar keine Ahnung von Mutismus, doch ihr Gefühl sage ihr, dass solche Menschen gut mit Autisten harmonieren könnten.

Schon eine Woche später fing ich dort an und hatte endlich mal das Gefühl, es geschafft zu haben. Mit meiner Persönlichkeit und meinen Fähigkeiten. Schlussendlich auf *meinem eigenen* Lebensweg, dem einzigen Weg, der jemals der richtige für mich sein würde.

Ich habe meine eigene Theorie, warum ich auf all den anderen Wegen, die ich eingeschlagen hatte, immer wieder nur gescheitert bin: weil es nicht *mein* Weg gewesen war.

Ich bedanke mich bei allen, die zu diesem Buch beigetragen und mich dazu bestärkt haben. Einer von ihnen war Dan. Ich danke meinen Freunden, die mich immer so nahmen wie ich eben bin. Besonderen Dank geht an meine Mutter Susanna Melliger, meine beste Freundin Raphaela Gfeller, Michele Pagliarulo, den Gospelchor Young Preachers, Melody Frey, Irene Bruderer, Tanja Tschudi und Stefanie Billwiller.

Mehr Informationen zum Thema „Selektiver Mutismus" finden Sie unter www.mutismus.ch